복 음 에 관 한

보 다 깊 은 묵 상

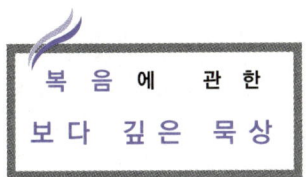

복음에 관한
보다 깊은 묵상

| 하도균 지음 |

도서출판
소망
S·O·M·A·N·G

들어가는 말

묵상을 한다는 것은 묵상할 대상에 관한 사랑과 관심이 있어야 가능합니다. 그래야 자꾸 머릿속에 떠올리고 생각하게 되며 애착을 갖게 되지요. 그리고 그 애착은 무한한 가지를 뻗어 지금까지 생각하지도 못하였던 새로운 가치와 진리를 깨닫게 하기도 합니다. 이것은 묵상의 묘미라고 할 수도 있습니다. 그런데 그 묵상의 대상이 하나님의 말씀이라면 더 무궁한 가치와 진리들이 그 안에서 발견될 수 있습니다. 왜냐하면 하나님의 말씀 자체는 무궁한 진리를 담고 있는 창고와 같기 때문입니다. 그래서 말씀을 묵상하는 사람마다 말씀 안에 있는 진리를 발견하고 깨달으며 하나님의 사람이 되어갑니다. 그 묵상을 통하여 하나님의 비밀이 발견되고 또한 하나님의 마음과 생각, 그리고 의도까지도 알아낼 수 있지요. 그래서 하나님을 알아가는 것입니다.

그런데 하나님의 말씀을 묵상하며 얻을 수 있는 또 다른 중요한 요소는, 그렇게 하나님의 의도와 마음, 생각, 계획들을 깊이 있게 발견해 가면서, 오늘 나에게 말씀하시는 하나님의 음성을 들을 수 있다는 것입니다. 하나님의 말씀은 갇혀있는 문어체의 말씀이 아니라, 살아 있고 생동감 있으며 직접 우리에게 말씀을 걸어오시기 때문입니다. 이 과정까지 진행하여 묵상의 묘미를 맛본 사람이라면 그 사람은 지금까지 훈련해 온 묵상의 토대와 말씀의 바탕에 서서 우리 주변에 일어나는 사건들과 주제들, 그리고 환경들 안에서 말씀하시는 하나님을 만나려고 노력합니다. 물론 이 과정은 철저하게 말씀이 기초가 되어야 하며 자의적인 생각이 앞서가서 이상한 신비주의적인 모습을 보여서는 안 된다는 것은 자명합니다.

필자도 위에서 언급하였던 묵상의 훈련을 통하여 하나님의 생각과 마음을 알아가기 위하여 많은 노력들을 해 왔습니다. 그 과정 중에서 말씀 안에 담겨져 있는 진리가 발견되어지고 새로운 가치가 깨달아 질 때마다 말씀이 꿀 송이 보다 달고 오묘하여 시간 가는 줄 모르고 말씀만 보았던 적인 한 두 번이 아니었습니다. 그리고 발견한 진리와 가치를 세상에 적용하기 위하여 또 다시 하나님께 몸부림치며 간절히 기도하고 노력하였습니다. 그러다보니 묵상을 통하여 깨달은 말씀의 진리와 가치를 세상 속에서 어떻게 적용해야할지가 생각나기 시작하였고 그래서 외치기 시작하였습니다. 그렇게 전도자의 삶을 살아온 것입니다. 다분히 저에게는, 묵상을 통한 깨달은 말씀을 세상에 적용하기 위해 하나님께 몸부림치다가 세상의 문제들에 말씀하시는 하나님을 조금씩 알아가게 되었다고 말할 수 있습니다.

전도의 은사를 가지고 전도자의 삶을 살아온 저이기에 저의 관심과 묵상의 대상은 하나님의 말씀 중에서도 일차적으로 복음의 요소들에 있었습니다. 그러므로 이 책에 기록한 묵상에 관한 내용들은 말씀을 통해서 깨달은 복음의 진리들을 어떻게 세상에 적용할 수 있을지에 관한 놈무님의 산물이라고 할 수 있습니다. 때로는 복음의 영향력이 죽어가는 한국교회를 보며 울고 기도하며 묵상하다가 깨달은 부분도 있고, 복음전도의 본질을 잃고 교회 성장만을 위해서 전도를 강조하는 한국교회의 형식적인 모습에 애타는 마음으로 말씀에 기초하여 묵상한 바를 쏟아 놓은 글들도 있습니다. 그리고 이전에 알지 못하였던 하나님의 깊이 있는 마음을 알게 되어 서술한 글도 있습니다. 또한 이 시대를 향한 하나님의 마음이 이러한 것이 아닐까 하여 말씀을 기초로 담대하게 외친 글들도 실려 있습니다. 군데군데 미숙한 부분들이 많이 있겠지만, 모쪼록 본 저서를 통하여 많은 독자들이 복음에 관심을 갖게 되기를 원하고 또한 더 깊이 있는 묵상의 차원으로 독자들을 이끌 수 있는 통로가 되어 지기를 원합니다.

늘 예리하고도 신앙에 바탕을 둔 통찰력 있는 질문으로 사물 안에 담겨 있는 하나님의 진리를 발견해 낼 수 있도록 도와준 아내, 그리고 영적인 열매들을 따먹을 수 있도록 자녀를 위해 온 몸으로 기도하시고 헌신하신 아버지 하영일 목사님, 어머니 정전수 사모님께 이 책을 올려 드립니다.

2012년 여름 부천 성주산 기슭에서

하 도균

차 례

1장 "예수"에 관한 보다 깊은 묵상

1 – 1 "예수의 이름을 말하고 예수의 이름을 말하게 하라!" / 14
1 – 2 "고통의 강과 외로운 산을 넘어 만나는 예수" / 19
1 – 3 "예수! 우리의 소망!" / 25
1 – 4 "주는 그리스도시요! 살아계신 하나님의 아들이십니다! (1)" / 30
1 – 5 "주는 그리스도시요! 살아계신 하나님의 아들이십니다! (2)" / 35
1 – 6 "주는 그리스도시요! 살아계신 하나님의 아들이십니다! (3)" / 40
1 – 7 "주는 그리스도시요! 살아계신 하나님의 아들이십니다! (4)" / 45
1 – 8 "왕이 오시네" / 50

2장 "십자가"에 관한 보다 깊은 묵상

2 – 1 "십자가를 통한 부활" / 57
2 – 2 "고마운 십자가" / 62
2 – 3 "한 알의 밀이 땅에 떨어지면" / 66
2 – 4 "나는 날마다 죽노라" / 70
2 – 5 "외로운 십자가" / 74
2 – 6 "주님의 보혈로 보호막이 쳐져 있는 개인과 가정" / 78
2 – 7 "마르지 않는 샘물처럼" / 82

contents

2 – 8 "하나님과 화평을 누리고 있습니까?" / 86
2 – 9 "다시 복음 앞에 / 90

3장 "복음전도"에 관한 보다 깊은 묵상 (1)
    – 하나님의 마음에 관하여 –

3 – 1 "잃어버린 영혼을 향한 눈물" / 97
3 – 2 "아버지의 마음" / 101
3 – 3 "또 하나의 열매를 바라시며" / 105
3 – 4 "돌 감람나무와 참 감람나무" / 109
3 – 5 "절대로 포기하지 않으시는 하나님" / 113
3 – 6 "한 사람을 천하보다도 귀하게 여기시는 하나님" / 117
3 – 7 "열방을 향한 하나님의 마음" / 121

4장 "복음전도"에 관한 보다 깊은 묵상 (2)
    – 복음전도의 실천에 관하여 –

4 – 1 "전도는 우리의 실존의 문제를 십자가 앞에 가져다 놓는 일입니다" / 127
4 – 2 "세상이 우리에게 있는 소망에 관한 이유를 묻게 하십시오" / 131
4 – 3 "야곱의 전도– 내가 험악한 세월을 보내었나이다(창 47:9)–" / 135
4 – 4 "사회봉사와 전도" / 139
4 – 5 "영혼을 붙이시는 하나님" / 144
4 – 6 "일어나라 빛을 발하라" / 148

4 – 7 "다신교 문화 안으로 모세를 보내시는 하나님" / 152

5장 "복음전도"에 관한 보다 깊은 묵상 (3)
  – 전도자의 자세에 관하여 –

5 – 1 "위대한 전도자상" / 159
5 – 2 "영혼을 세우는 전도자 바울의 세상살이" / 164
5 – 3 "전도와 선교의 열정이 식어지지 않기를" / 168
5 – 4 "한 사람을 살릴 수만 있다면" / 175
5 – 5 "한 영혼이 소중함을 깨닫고" / 177
5 – 6 "사람이 죽어 가는데 잘 수 있나요?" / 183

6장 "하나님 나라"에 관한 보다 깊은 묵상

6 – 1 "하나님 나라가 임하시오며" / 189
6 – 2 "세상을 넉넉히 이기는 하나님의 나라" / 193
6 – 3 "어린이와 하나님 나라" / 197
6 – 4 "하나님의 꿈" / 201
6 – 5 "하나님 나라의 부흥을 꿈꾸며" / 205
6 – 6 "하나님 나라의 특징적 요소들" / 209

7장 "회개와 부흥"에 관한 보다 깊은 묵상

7 – 1 "나라의 무너진 부분을 끌어안고" / 215
7 – 2 "울게 하소서" / 218
7 – 3 "지금은 진정으로 회개할 시간입니다" / 222
7 – 4 "묵은 땅을 기경하라" / 226
7 – 5 "주님의 보좌 앞으로" / 230
7 – 6 "부흥을 갈망하며 – 웨일즈의 부흥이야기" / 234
7 – 7 "야곱에게 벧엘의 시간은 가장 행복했던 시간입니다" / 238
7 – 8 "양과 소는 두고 가라 – 피 없는 기독교–" / 242
7 – 9 "여호와는 나의 목자시니" / 246

8장 "회복"에 관한 보다 깊은 묵상

8 – 1 "상한 갈대를 꺾지 아니하시고" / 253
8 – 2 "하나님이 만드신 자연–인간의 치유자" / 257
8 – 3 "하나님은 오늘도 우리를 위하여 기적을 일으키고 계십니다" / 261
8 – 4 "하나님의 심판은 회복에 그 목적이 있습니다" / 265
8 – 5 "우리는 하나님의 전부입니다" / 269
8 – 6 "기본으로 돌아가라" / 273
8 – 7 "아버지 품으로" / 277

contents

9장 "믿음"에 관한 보다 깊은 묵상

9 – 1 "믿음을 더 하소서" / 283

9 – 2 "불로 연단한 금을 사서 부요케 하라" / 288

9 – 3 "기다리시고 인내하시는 하나님" / 292

9 – 4 "눈물의 외침! 이 산지를 내게 주소서" / 296

9 – 5 "가정의 영적인 점검을 해 보세요" / 301

9 – 6 "광야의 시간은 신앙 수련회의 시간입니다" / 305

9 – 7 "큰 용사여! 하나님이 너와 함께 계시도다!" / 309

9 – 8 "사랑이 우리를 소망의 미래로 끌어줍니다" / 313

10장 "교회"에 관한 보다 깊은 묵상

10 – 1 "가슴앓이" / 319

10 – 2 "믿음의 역사가 왕성한 교회" / 323

10 – 3 "교회는 공동체성을 회복해야 부흥을 경험할 수 있습니다(1)" / 327

10 – 4 "교회는 공동체성을 회복해야 부흥을 경험할 수 있습니다(2)" / 331

10 – 5 "교회는 공동체성을 회복해야 부흥을 경험할 수 있습니다(3)" / 335

10 – 6 "교회는 공동체성을 회복해야 부흥을 경험할 수 있습니다(4)" / 339

A deeper contemplation about the Gospel

"예수"에 관한 보다 깊은 묵상

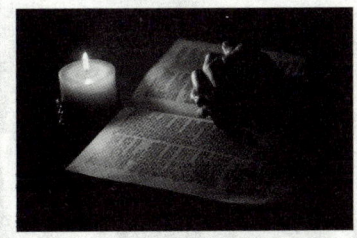

1-1 "예수의 이름을 말하고 예수의 이름을 말하게 하라!"

얼마 전 우리나라에 미국의 저명한 신학자 레너드 스윗(Renard Sweet) 이 분이 방문하셨습니다. 그분은 미국의 기독교인들 가운데 여덟 번째로 영향력 있는 신학자라고 합니다. 현재는 미국 드루 대학의 전도학 석좌교수로 재직하고 계십니다. 그런데 그분이 중앙일보와 인터뷰를 하면서 매우 충격적이면서도 한국교회에 필요한 말씀을 하였습니다. 그것은 "예수 중심으로 모인 교회에서 예수를 말하지 않는다"라는 것이었습니다. 이것이 전 세계 교회의 문제점이고, 교회가 세상을 향하여 영향력을 끼치지 못하는 가장 중요한 원인이라고 하였습니다. 요즈음 교회를 가보면, 성장을 위하여 비즈니스는 말하고 치유도 말하며 또 다른 비본질적인 요소들은 말하지만 정작 말해야할 예수는 말하지 않는다는 것입니다.

저는 전적으로 이 분의 주장에 동의합니다. 요즈음 어느 교회를 가더라도 예수를 강조하고 예수에 미친 사람들을 보기가 힘들어 졌기 때문입니다. 도대체 교회가 예수 이야기를 하지 않는다면 예수 이야기는 어디서 들어야 할까요? 신학대학에서 신학을 배우고 학문을 연마하지만 정작 중요한 예수는 어디에서 배울 수 있을까요? 예수가 말해지지 않고, 강조되지 않는 교회에서 능력이 나타날 수 있을까요? 세상을 변화시킬 수 있는 힘이 있을까요? 우리가 신앙생활을 통하여 배우고 얻어야 할 것이 무엇일까요?

전도한다고 하는 것은 결국 예수를 말해주는 것입니다. 그리고 그 이름 안에 있는 능력으로 피 전도자들이 예수를 영접하고 변화되도록 만들어 주는 것입니다. 그런데 전도가 방법만을 강조하고, 또 사람을 교회로 데리고 오는 인도(引導)의 차원만을 강조하다보니 전도를 실천하는데 있어서도 예수가 그리 강조되고 있는 것 같지 않습니다. 그러니 전도의 현장에서 하나님의 기적과 변화, 그리고 성령님의 역사하심을 경험하기가 더욱 어려워 졌습니다. 왜 예수가 강조되지 않고 예수를 말하지 않는 것일까요?

교회가 예수보다도 의지하고 따라갈 다른 많은 것들이 있기 때문입니다. 그렇기에 예수를 기독교의 핵심이라고는 인정하지만, 그 예수께 몰두하여 그분을 연구하고 그 이름의 능력을 경험하며 예수를 말하는 일들은 죽어가고 있는 것입니다. 초대교회를 한번 보십시오! 오순절 성령을 경험한 뒤 120명을 중심으로 초대교회가 시작되었는데, 그들은 설교에서도 그리고 그들의 삶의 행동에서도 전적으로 예수를 말하고 예수를 찬양하며, 그 예수를 전하여 기적들을 경험해 나가는 모습을 보여 줍니다. 예수 중심의 설교를 어떻게 할 수 있는가? 고민이 된다면 사도행전 2장과 3

장, 그리고 그 이후에 나오는 베드로와 사도들의 설교들을 보십시오. 그 설교들은 모두 예수 중심의 설교였습니다. "너희가 십자가에 못 박은 예수를 하나님께서 주와 그리스도가 되게 하셨다"는 것이 베드로 설교의 핵심입니다. 그런데 더 놀라운 것은 예수가 선포되어졌을 때 3,000명이 넘는 사람들이 회개하며 주께 돌아오는 역사가 일어났고, 앉은뱅이가 일어나는 기적이 일어났으며, 세상이 그들을 무서워하기 시작하였다는 것입니다.

그렇습니다! 이것이 진정한 교회의 모습입니다. 오늘도 사역자들이, 그리고 주일학교 선생님들이, 그리고 부모들이 자신이 맡고 있는 성도들과 자녀들을 향하여 예수를 선포하고 예수의 이름으로 기도해주어야 합니다. 그때, 그 예수를 증거 하는 그곳에 기적이 일어나고 초대교회와 같은 생명력 있는 신앙생활을 영위할 수 있습니다. 그리고 그 곳에 하나님께서 임재하시고 역사하십니다. 또한 교인들이 변화되고 힘을 얻기 시작하며, 세상이 교회를 무서워하기 시작합니다. 이것이 진정한 교회의 모습입니다!. 생명력 있는 교회의 모습니다! 영향력 있는 교회의 모습입니다!

요즈음 제가 출석하고 있는 교회에서는 "예수 운동"을 시작하고 있습니다. 초대교회를 시작하게 하였고, 초대교회의 생명력과 부흥을 가져온 "예수 운동" 말입니다! 그런데 얼마 되지도 않았는데, 하나님께서 일하시는 모습이 보이기 시작합니다. 그리고 성도들이 예수 안에서 회복되고 하나로 뭉치는 모습이 보여집니다. 그리고 성도들이 사명감을 갖고 힘 있게 전도하기 시작하였습니다."주의 십자가 지고 어디든지 가겠다"고 헌신하는 자들이 생겨나기 시작합니다. 저는 자신 있게 말하고 싶습니다! 예수를 말하십시오! 그리고 예수를 선포하십시오! 그리고 그 예수의 이름으로 기도하십시오! 기적이 일어납니다. 마귀가 떠나갑니다. 성령이 강하게 임재하시며 초대교회와 같은 모습이 재현됩니다. 오늘날 교회가 되찾아야 될 이름! 그 이름이 예수 그리스도 입니다! 의도적으로 선포하고 말하십시오! 예수 그 이름을!

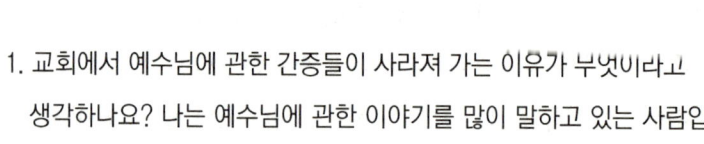

1. 교회에서 예수님에 관한 간증들이 사라져 가는 이유가 무엇이라고 생각하나요? 나는 예수님에 관한 이야기를 많이 말하고 있는 사람입니까?

2. 교회가 성장을 추구하다보니 교회의 본질인 예수가 사라져가고 있는 어처구니없는 일이 발생되어져 가고 있습니다. 교회의 성장과 건강은 어느 한쪽에 우선순위를 둘 수 있을까요? 어떻게 다시 교회가 예수를 말하게 할 수 있을까요?

3. 기독교의 모든 바탕은 예수중심이어야 합니다. 혹자는 성령의 시대에 성령중심이라고 말하기도 하는데 어떻게 예수 중심적인 바탕에서 성령을 말해야 할까요?

1 − 2 "고통의 강과 외로운 산을 넘어 만나는 예수"

예수님은 너무 쉽게 우리를 만나주시지 않는 것 같습니다. 고통의 강을 건너고 외로운 산을 넘었을 때야 비로소 우리를 만나주시는 것 같습니다. 왜 그럴까요? 예수님께서 우리를 쉽게 만나는 것을 원치 않으실까요? 그렇지 않습니다! 예수님은 우리를 구속하시고 창조질서 안으로 우리를 회복하시기 위하여 하늘의 보좌를 버리시고 이 땅에 내려오셨으며, 죄 있는 우리들과 생활하시면서 많은 멸시와 능욕을 받으셨습니다. 그러나 조금도 싫다고 하지 않으시고 기꺼이 십자가를 지시고 죽으셨습니다. 그리고 삼일 만에 부활하시어 자신을 배신한 제자들을 찾아가 세우시고 하늘에 오르셨습니다. 바로 이러한 사실 때문에 성경은 "기꺼이 우리를 위하여 몸을 내어주신 이가 무엇을 못 내어 주실까" 라고 말씀하고 있습니다. 그렇습니다. 우리를 위하여 자신의 몸까지도 아낌없이 내어주신 주님이신데, 우리가 무엇을 요구한다고 하더라도 들어주시지 않겠습니까?

그러나 우리가 그 예수님을 가슴 깊게 만나는 일은 쉬운 일만은 아닌 것 같습니다. 이론적으로 보면, 우리가 주님을 만나려고 노력만 한다면 언제든지 만날 수 있는 분이지만, 현실적으로는 그렇게 쉽게 만날 수 있는 것 같지 않습니다. 왜 그럴까요? 여러 가지 이유가 있지만, 가장 중요한 문제는 예수님께 있지 않고 우리에게 있습니다. 우리가 얼마나 예수님을 만나기를 소원하는가의 절실함의 문제와 그분과의 만남을 가로막고 있는 죄의 문제가 가장 큰 문제이기 때문입니다. 많은 성도들이 예수님을 만나려고 노력하지만, 정말로 그 주님을 간절히 만나고자 하는 마음이 있는지 물어보아야 합니다. 흔히 교회에 와서 다른 사람들의 변화와 기적들을 보면서 나도 예수를 만나고 싶다고 생각할 수 있습니다. 신앙생활을 시작했으니 예수를 만나보는 것이 좋을 것 같기 때문입니다. 또한 예수님을 만나야 나의 모든 문제가 해결될 수 있다고 믿기 때문입니다. 이 같은 생각을 품었기에 기도도 하고 노력도 하지만 쉽게 만나지지 않고 삶도 변화되지 못하자 포기하기 쉽습니다. 포기한다는 것은 그만큼 절실하지 않다는 것입니다. 정말로 꼭 만나야 한다면 포기할 수 없습니다. 만날 때까지 찾아야 합니다. 그러나 몇 번 시도하다가 포기해버린 경험들이 많이 있으시지요? 내 마음에 절대적으로 그 분을 만나고자 하는 적극적인 노력이 없기 때문입니다. 쉽게 말하자면, 만나도 되고 안 만나도 되지만, 만나면 더 좋을 것 같기에 만나고 싶은 것입니다.

예수님 당시에도 그러한 사람들이 많았습니다. 성경은 그 사람들을 무리라고 표현합니다. 무리들은 예수님이 가는 곳마다 따라다녔습니다. 수 없이 많은 사람들이 따라 다녔고 그러면서 자신들이 원하는 것이 경험되어지기를 추구했습니다. 간혹 기적이 경험되고 초월적인 일들이 발생되었지만, 그때마다 그들은 더 큰 기대와 더 큰 욕망을 가지고 예수를 좇았기에 예수님이 원하는 데로 그들의 삶이 바뀌어 지지 않았습니다. 뜻대로 되지 않자 그들 중에 몇몇은 예수님을 십자가에 못 박는 일에 동조하는 사람들로 변질되었으며, 대부분의 무리들은 예수님의 십자가의 길에

구경꾼으로 전락해 버리고 말았습니다. 왜 그랬을까요? 그것은 자신들이 예수로 인해서 얻고자 했던 바가 이루어지지 않았기 때문입니다.

오늘날도 예수님 당시의 무리들처럼 예수님을 만나려고 하는 성도들이 많습니다. 그러나 그러한 자세와 태도를 가지고는 예수님을 쉽게 만날 수 없습니다. 간절히 예수님을 초청하지 않는 마음과 그 자세 자체가 죄로 물든 우리의 모습을 반영하는 것이기 때문입니다. 우리는 원래 창조되어질 때부터 하나님을 만나고 교제하도록 만들어져 있습니다. 이것이 창조의 가장 큰 목적입니다. 그러므로 하나님을 만날 때 가장 행복하고 의미를 찾으며 목적대로 살아갈 수 있습니다. 그렇기에 우리 편에서 예수님을 만나기 위해서 더 소망해야 합니다.

그런데 우리는 행복하고 문제가 없는 상황에서 예수님을 간절히 찾지 않습니다. 예수님이 돕지 않으셔도 살아갈 수 있기 때문입니다. 도우시면 좋지만 돕지 않으셔도 살아갈 수 있기 때문입니다. 그러나 삶의 고통이 생기고 외로움이 밀물 몰려오듯이 찾아 올 때, 더 이상 소망이 없다고 할 때, 초월자를 바라보게 됩니다. 초월자 외에는 더 이상 어떠한 도움을 기대할 수 없는 상황이기 때문입니다. 그리고 때로는 눈물을 흘리며 간절히 주님을 찾지요! 그때 주님은 우리를 야속하다고 하지 않으시고 찾아와 주십니다! 우리의 그러한 순간을 계속 기다리고 계셨던 것입니다. 우리를 우리보다도 더 만나시기를 원하시는 분이 예수님이기 때문입니다. 그렇다면 고통과 고난 속에서 왜 그렇게 간절히 찾아야만 우리를 만나주시는 것일까요? 그것은 그때서야 비로소 우리는 주님이 무슨 말씀을 하시던지 순종할 자세를 갖게 되기 때문입니다. 그리고 이러한 모습은 주님을 만나기에 가로막혀 있던 죄의 담도 허물어질 수 있음을 의미하는 시간이기 때문입니다. 주님이 무슨 말씀을 하셔도 순종할 수 있다면, 너 이상 내 고집과 생각으로 죄짓는 일을 그칠테니까 말이지요.

이스라엘이 출애굽을 할 때에도 그들이 고난 속에서 430년간 부르지 않았던 하나님의 이름을 부르며 간절히 찾았을 때 그들을 찾아와 주셨습니다. 이스라엘은 애굽에 살며 애굽의 문화와 동화되며 그 땅의 신들을 섬기며 살았습니다. 조상들이 섬기던 하나님을 잊어가던 때였지요. 그러나 하나님은 그들과 세운 언약을 잊지 않으시고 아브라함과 세운 민족의 언약을 이루어가시며 그들을 그 땅에서 번창케 하시었습니다. 하지만 이제 그들이 하나님 중심으로 뭉쳐 그 땅을 나와 하나님의 백성으로, 하나의 민적으로 바로 서야할 때가 되었습니다. 그때 하나님은 애굽의 왕조에 쿠데타가 일어나게 하시며 새로운 왕조를 일으키시고 이스라엘을 탄압하게 하시었습니다. 이스라엘에 고난이 온 것이지요 이스라엘은 갑작스레 찾아온 고난과 탄압 속에 힘들고 어려웠지만, 급기야 마지막으로 조상의 신, 그들의 유일한 소망인 하나님을 부르기 시작하였습니다. 전심을 다하여 간절함을 가지고 하나님을 찾았습니다. 그때 하나님께서 그들을 외면하지 않으시고 찾아오셔서 그들을 애굽에서 끌어내신 것입니다.

그렇습니다! 예수님은 우리가 고통의 강을 건너고 외로운 산을 넘었을 때 비로소 우리를 만나주시는 분인 것 같습니다. 그러나 그 고통의 강과 외로운 산을 건너야 함은 우리의 고집과 죄 때문임을 알아야 합니다.

우리가 자신을 온전히 포기하고 그 예수님을 만나기 위해 매어달리기가 쉽지 않기 때문입니다. 그러나 전적으로 예수님을 만나기 위해 매어 달릴 때 여지없이 우리를 만나주시는 분이 예수님입니다. 그렇기에 우리에게 당한 어려움과 문제들은 예수님을 깊게 만날 수 있는 기회가 될 수 있음을 명심하십시오! 예수님은 때때로 '고통과 외로운 강을 건너서 우리를 만나주시는 분' 이십니다.

1. 무리와 제자의 차이점은 무엇이고 공통점은 무엇일까요?

2. 왜 고통의 강은 건너고 외로운 산을 넘어야 예수님을 만날 수 있을까
   요? 나의 경우와 관련된 간증을 해 보세요.

3. 예수님을 만나기 위하여 내가 준비해야할 일은 무엇입니까?

1 - 3 "예수! 우리의 소망!"

"엄마! 예수님은 언제 우리 마을에 오시는 거야?" "글쎄... 곧 오시겠지." "엄마! 그러면 내가 예수님을 만날 수 있을까? 꼭 만나야 하는데..." "그래 분명히 예수님께서 우리 아들을 만나 주실거야! 소문에 의하면 그분은 의지할 데 없고 약한 자의 편이라고 하더라" "엄마, 이제는 의지할 곳이 예수님밖에 없어. 내 병을 고치기 위하여 많은 의원을 찾아 다녔고, 많은 돈을 허비했으며, 모든 방법을 동원했지만 허사였잖아. 이제 그분을 만나는 소망 외에는 이 땅에서 다른 희망을 가질 수 없어!" "그래, 우리 아들! 오늘은 그 예수님을 만나는 꿈을 꾸며 잠자렴. 그분이 메시야라면 분명히 우리의 간절한 소원을 아시고 들어 주실거야!"

이상의 대화는 기독교 작가 김성일씨가 쓴 〈제2의 엑소더스〉라는 소설에 나오는 이야기를 각색한 것입니다. 예수님이 활동하시던 시대에 한 유대마을의 가난하고 병든 아들을 둔 가족의 이야기입니다. 없는 가운데에서도 아들을 고치기 위해 많은 돈을 썼지만 허사였고, 많은 사람을 만났지만 허사였으며, 또한 갖가지 방법들을 동원하였어도 고치지 못하였습니다. 그때 들려온 소문이 예수님에 관한 소문이었습니다. '죽은 자도 살리며, 오병이어의 기적을 일으키시고, 모든 귀신을 쫓아내시며 힘없고 약한 자의 편이 되어 주신 예수님!' 그렇기에 유대의 가난하고 힘없으며 병든 자들의 소망은 오직 예수밖에는 없었고, 예수님을 만나려고 노력했습니다. 그리고 예수님을 만난 사람들은 전인적으로 치료되고 회복되는 놀라운 기적을 경험하였습니다.

그렇습니다! 이천년 전의 예수님에 관한 소망과 희망은 오늘날에도 동일하게 이어져 내려오고 있으며 그 소망을 가진 자들에게 확신을 가져다줍니다. 그래서 예수님을 바라보며 갖게 된 소망은, 말 그대로 살아있는 소망이 되지요. 그러나 예수님 당시에도 그랬듯이, 예수님을 소망의 눈을 가지고 바라보는 사람들은 자신의 삶에 한계를 느끼고 다른 어떠한 것도 기대할 수 없는 사람들이 대부분입니다. 그래야만 초월자에게 관심을 갖게 되기 때문입니다. 이렇게 본다면, 우리가 살아가며 경험하게 되는 고난과 삶의 한계가 축복이라고 말할 수 있습니다. 모든 사람을 고치고 회복하실 수 있는 예수님을 바라볼 수 있기 때문이지요. 실제로 이스라엘에 있는 '광야'라는 단어는 히브리어로 '미드바르'입니다. 그런데 재미난 것은 그 단어의 의미가 '말씀이 있는 곳'이라는 것입니다. 이 단어는 '다바르(말씀)'라는 단어에서 파생된 단어입니다. 이것을 연결해보면, 하나님의 말씀이 있는 곳, 하나님을 만날 수 있는 곳이 광야라는 것입니다. 거칠고 생명이 없으며 황량한 광야가 하나님을 만날 수 있는 곳입니다. 왜 그럴까요? 우리 인간들은 우리 자신의 한계와 연약함을 광야와 같은 곳에서 깊게 체험하고 절실하게 느끼기 때문입니다. 그런데 인생의 가장 밑바닥은 하나님을 만날 수 있는 곳입니다. 자신에게 어떠한 소망도 없고, 또 외적으로 기댈 곳도 없기에 하나님만 바라볼 수 있기 때문입니다. 성경을 보면, 거의 대부분의 영적인 거장들은 인생의 광야에서 하나님을 깊게 만나는 훈련을 하였습니다. 그 과정을 거치지 않은 영적 거장은 없습니다. 이렇게 본다면 자신의 삶의 한계를 바라보는 그 시점이 은혜의 시작인 시점이라고 할 수 있습니다.

21세기를 살아가는 우리들도 우리의 삶에는 많은 한계가 있고, 연약함이 있습니다. 아니, 오히려 더 많은 난관과 한계를 경험하며 살아가고 있다고 해도 과언이 아닙니다. 경제는 성장하고 삶의 질을 나아졌다고 할지라도, 오히려 그 안에서 더 소외감을 가지고 살아가며 온갖 정신적인 질환을 경험하고 있는 것이 우리들이기 때문입니다. 아마도 눈에 보이는 성장과 가치, 그리고 눈부신 세상적인 성공이 우리가 가지고 있는 삶의 본질적인 문제들을 가리워 내가 정말로 어떠한 사람인지를 아는데 어려움을 주기 때문인 것 같습니다. 그렇기에 이러한 때를 살아가는 우리에게 더 절실하게 요청되는 분이 소망이신 예수님이십니다. 그분은 고장난 우리 자신을 고치시기 위하여 이 땅에 오셨습니다. 그분은 우리의 한계를 도우시기 위하여, 우리의 아픔을 같이 나누시기 위하여, 그리고 우리의 병든 몸과 영혼을 치유하시기 위하여 이 땅에 오셨습니다. 혹시 힘들고 어려운 분들이 계십니까? 육체적인 병약함으로 눈물을 흘리는 분들이 계십니까? 이 땅에 더 이상의 살 소망이 없는 분들이 계십니까? 예수님은 바로 그러한 분들을 위해서 이 땅에 오셨습니다.

저는 12월만 되면 가슴이 뜁니다. 그리고 말로 표현할 수 없는 소망이 더 생겨납니다. 12월은 절기로 보자면, 예수님께서 하늘의 보좌를 버리시고 우리를 살리시기 위하여 이 땅에 오신 대강절입니다. 소망 없이 살아가던 자들에게 소망을 주시기 위해서 이 땅에 오신 달입니다. 그래서 눈물이 나고 그분이 더 뵙고 싶고 가슴이 벅차오릅니다. 예수님이 오셨기 때문입니다. 이제 소망을 가지고 살아갈 수 있기 때문입니다. 나에게도 기대할 수 있는 미래가 있고 하루하루를 살아갈 수 있는 힘이 생겨 났기 때문입니다. 마치 멀리 출타하신 부모님이 집에 돌아오시는 것처럼, 그 부모를 마냥 기다리는 아이들처럼 제 마음이 뜁니다. 이러한 제 마음을 저희 아이들에게도 말해주었더니 아이들도 동일한 소망을 갖게 되었습니다. 그래서 저희 아이들은 12월 달부터 밤마다 캐롤을 들으며 잡니다. 크리스마스가 아직 멀었는데도 말입니다. 비록 성탄기분에 먼저 젖어 들어 있는 모습이기는 하지만, 그 캐롤을 들으며 이 땅에 오신 예수님을 축하하며 그 예수님을 만날 준비를 하는 것이지요. 준비가 있는 사람들! 그리고 소망이 있는 사람들이 예수님을 깊게 만날 수 있습니다. 예수님을 만나기 위하여 나는 무엇을 준비하고 있습니까? 황금과 유향과 몰약입니까? 아니면 그 분을 향한 간절히 소망하는 마음입니까?

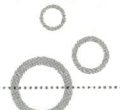

1. 왜 광야는 '하나님의 말씀이 있는 곳'일까요?

2. 하나님의 사람이 되기 위하여 광야를 거쳐야만 하는 이유를 생각해 보세요.

3. 예수께서 소망이신 이유를 우리의 실패와 한계, 그리고 인생의 밑바닥과 관련지어 생각해 보세요.

1 – 4 "주는 그리스도시요! 살아계신 하나님의 아들이십니다! (1)"

제자들이 예수님을 쫓은 후, 많은 시간이 흐른 뒤, 한번은 예수님과 제자들이 빌립보 가이사랴 지역을 지나게 되셨습니다. 그때 예수님은 예측하지 못하였던 질문을 제자들에게 던지셨습니다. 사람들이 자신을 누구라 하느냐고 물어보신 것이었습니다. 제자들은 그들이 들은 대로 더러는 '세례요한', 더러는 '엘리야', 어떤 이는 '예레미아'나 선지자 중에 하나라 생각한다고 답하였습니다. 이 대답을 들으신 예수님은 갑자기 제자들 자신에게 "너희는 나를 누구라 하느냐?"고 질문을 던지셨지요. 아마도 제자들은 깜짝 놀랐을 것입니다. 전혀 기대하지 않았던, 그리고 그 답을 아직 정리하지 않았던 질문이었을 테니 말입니다. 그때 제자 중에 베드로가 용감하게 답을 합니다. "주는 그리스도시오, 살아계신 하나님의 아들입니다." 예수님은 베드로의 대답을 들으시고 칭찬하셨습니다. 그리고 이를 알게 하신 이는 혈육이 아니라, 하늘에 계신 아버지라고 말씀해 주셨습니다.

우리가 너무 잘 알고 있는 이야기이지만, 여기에는 많은 사람이 알고 있지 못한 진리가 담겨 있습니다. 예수님께서는 베드로의 신앙고백을 들으신 후에 당신이 지셔야할 십자가에 대해서 비로서 가르쳐 주시기 시작하였기 때문입니다. 마태복음 16장 21절을 보면, "이때부터... 비로서 자신이 고난을 받고 죽을 것과 부활할 것을... 나타내시니" 라는 문구가 기록되어 있습니다. 왜 예수님은 베드로의 고백 후에 비로소 십자가를 지셔야 할 것을 말씀하셨을까요?

먼저, 베드로의 고백을 들으셨던 장소를 생각해 봅시다! 그곳은 빌립보 가이샤랴 지역이었습니다. 황제의 도시였지요. 그 당시 황제의 도시라 함은 세상 물질문명의 중심지였다고 생각함이 옳을 듯합니다. 왜냐하면 황제의 도시라는 칭호는 아무 곳에서나 사용할 수 없고 로마의 황제의 위상에 걸맞는 일정한 규모와 로마가 자랑하는 위대한 건축물들, 그리고 가장 화려한 것들로 꾸며져 그곳을 지나치는 사람 모두가 물질문명에 압도되어 황제를 우러러 볼 수 밖에 없도록 만들어 졌기 때문입니다. 그런데 그곳을 유대의 가난한 열 두 명의 촌사람들과 예수님이 지나가신 것이었습니다. 얼마나 비교가 되겠습니까? 제자들도 자신들을 그 황제의 도시의 물질문명에 비추어 비교해 보며 초라하고 보잘 것 없다고 느꼈을지 모릅니다. 아니, 아마도 그렇게 생각했을 것입니다. 그리고는 또 다시 생각했겠지요. '내가 예수를 따르기 위하여 '그물'과 '배'와 '가족'을 버려두고 쫓았는데 예수님은 나에게 무엇을 해주었는가?' '예수님을 따르는 결과가 이것인가?' '왜 예수님을 따르며 수고하는데 세상적인 풍요로움은 따라오지 않는 것인가?'... 아마도 황제의 도시를 거닐며 제자들의 머릿속에는 이러한 많은 질문들과 생각들로 가득차 있었을 것입니다.

그 무렵 예수께서 제자들에게 질문하신 것입니다. "너희는 나를 누구라 하느냐?" 그때 베드로는 "주는 그리스도시오 살아계신 하나님의 아들이십니다"라고 답을 한 것이지요. 이러한 배경을 가지고 예수님의 질문과 베드로의 답을 묵상한다면 다음과 같이 생각해 볼 수 있을 것입니다. 너희들이 세상의 것들을 포기하고 나를 좇았지만, 세상은 너희를 반겨주지 않고 오히려 초라하게 만들며 구박하고 힘들게 할 수 있다. 세상의 것을 버렸지만 세상의 것으로 채워지지 않는 길이 이 길이다. 그렇게 힘들고 어려울지라도 나를 계속 좇을 수 있겠느냐?' '세상과 너희를 비교해 볼 때, 당장 주어진 세상적인 복이 없어서 너희 자신이 거지처럼 보일지라도 그럼에도 불구하고 너희가 좇는 나를 메시아이며 하나님의 아들이라고 고백할 수 있겠느냐?' 는 질문입니다. 이러한 의미가 담긴 예수님의 질문에 베드로는, '우리의 상황이 어떠할지라도 당신은 우리를 구원하실 메시아이시며, 하나님의 아들이십니다!' 라고 고백한 것이었습니다. 얼마나 눈물 나는 고백입니까? 아무것도 가진 것이 없이, 어떠한 보상도 없는데 자신이 좇기로 한 예수님을 포기하지 않고 지속적으로 좇으며 그분을 메시아라고 고백하고 있으니 말입니다. 아마도 이러한 고백을 해본 사람은 그 심정을 충분히 이해하실 것입니다. 눈물 없이는 이 고백을 할 수 없지요. 주님의 길을 따라간다는 것은 바로 이러한 길을 걷는 것입니다.

아마도 베드로의 고백은 다니엘과 그의 친구들이 느부갓네살 왕에게 고백한 말과 그 의미가 같다고 할 수 있습니다. "그리 아니 하실지라도!" 그렇습니다! 다니엘의 친구들에게는 느부갓네살 왕이 자신들을 풀무불 속에 넣어도 하나님은 구해주신다는 믿음이 있었으며, 그리 아니하실지라도 하나님을 배신치 않고 끝까지 신앙하겠다는 결단이 서 있었습니다. 그러므로 "그리 아니하실지라도" 라는 고백 안에 이미 십자가의 결단이 서있는 것이지요! 어떠한 상황이 오더라도 하나님을 떠나지 않겠다는 굳은 결심입니다. 결연한 의지가 엿보입니다. 이것이 십자가를 지는 것입니다. 십자가는 '자기포기' '자기헌신' '자신을 내려놓음'이라고 표현할 수 있기 때문입니다. 그러므로 눈물 없이는 이 고백을 할 수 없을 것 같아요. 그래서 저는 베드로의 고백을 묵상하다가 그러한 믿음의 고백을 하며 주님 앞으로 전진하는 사람들의 모습을 담은 다음과 같은 찬양의 가사를 참 좋아합니다. 때로는 눈물을 지으며 부른 적이 한 두 번이 아닙니다.

> "때로는 너의 앞에 어려움과 아픔 있지만, 담대하게 주를 바라보는
> 너의 영혼 너의 영혼 우리 볼 때 얼마나 아름다운지 너의 영혼 통해
> 큰 영광 받으실 하나님을 찬양! 오! 할렐루야!"

베드로의 고백이 이와 같은 고백이었기에 예수님은 베드로의 답을 들으신 후 칭찬하시고 당신이 지셔야할 십자가에 대해서 가르쳐 주셨습니다. 이제는 십자가를 배울 시간이 되었다는 것이지요. 당장 세상적인 것으로 채워지지 않아도, 어떠한 보상을 받지 못한다고 하여도, 또한 기대하지 않았던 핍박과 멸시가 따라와도 예수를 그리스도이며 하나님의 아들이라고 고백할 수 있다는 것은 그 자체가 십자가를 지는 삶이기 때문입니다. 십자가의 길은 자기 포기의 길이고, 자기 죽음의 길입니다.

우리는 우리의 신앙생활 속에서 이러한 십자가의 고백을 하고 있으며 또한 그 십자가의 거쳐 십자가를 질것을 배우고 있습니까? 예수님은 제자들을 부르시고 훈련을 시키시는 과정에서 십자가를 어떻게 가르칠 것을 계획하고 계셨을까요? 예수님의 제자훈련이 너무 구체적이고 체계적이지 않습니까? 그렇다면 한국교회는 어떻게 십자가를 가르쳐야 할까요?

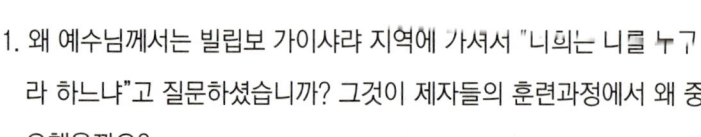

1. 왜 예수님께서는 빌립보 가이샤랴 지역에 가셔서 "니희는 니를 누구
   라 하느냐"고 질문하셨습니까? 그것이 제자들의 훈련과정에서 왜 중
   요했을까요?

2. 예수님은 왜 베드로의 믿음의 고백을 들으시고 나서야 비로소 당신
   의 십자가의 죽음과 부활을 제자들에게 말씀해 주셨을까요? 그 시점
   의 중요성을 생각해 보세요.

3. 예수님을 쫓으며 어려움과 아픔이 필연적으로 따라온다면 그 이유는
   무엇일까요? 여러 이유를 생각해 보세요.

예수 믿는 사람들은 세상 안에 살지만 세상과 달리 살아가는 사람들입니다. 그런데 세상 안에 살면서 세상과 달리 살아간다고 하는 것은 참 어렵습니다. 세상은 자신을 닮아가지 않으면 세상살이를 힘들게 만들어 버리기 때문입니다. 그러나 세상을 바꿀 수 있는 힘은 세상과 '다름'입니다. 즉, 세상 속에서 살아가지만 세상과 다른 모습이 있어야 한다는 것입니다.

예수님께서 빌립보 가이샤라 지방에서 베드로의 고백을 들으시고 기뻐하셨던 이유도, 비로소 그때부터 십자가를 말씀하시며 가르쳐 주셨던 이유도 여기에 있습니다. 세상 속에 살아가지만 그 세상에 얽매이지 않고, 당장 세상이 자랑하는 돈이 없고, 권세가 없으며, 세상이 인정할만한 것들이 하나도 없다고 할지라도, 예수님이 나의 구주시며 주인이시라는 고백이 세상과는 '다른 삶'이었기 때문입니다. 당장 예수님으로부터 세상에 자랑할 만한 어떠한 것도 주어진 것이 없음에도 불구하고 말입니다.

그리스도인들은 세상과 다른 믿음의 고백이 생겨날 때 비로소 세상을 바꿀 수 있는 사람이 되어갑니다. 예수님을 믿고 처음부터 세상을 바꾸어가는 것은 어려워 보입니다. 제자들이 그랬듯이 말입니다. 그러나 세상에 얽매이지 않고 예수님 한분만을 바라보며 세상과 '다른' 믿음의 고백과 신앙의 결단이 있는 순간부터 우리는 하늘의 비밀을 알아가는 사람이 되어가며, 그와 동시에 하나님의 원하시는 세상을 변화시키는 사람으로 세워지게 됩니다.

이것이 하나님이 우리를 부르신 온전한 계획입니다. 하나님은 우리를 온전한 하나님의 사람만으로 만들기 위해서 부르신 것은 아닙니다. 즉, 나에게만 초점이 맞추어진 것은 아니라는 것입니다. 나를 회복시키시고 성장시켜 가시면서, 동시에 나를 통하여 세상이 바꾸어지고 변화되기를 원하십니다. 나를 통해 만나는 사람들이 구원을 받고, 성장되며 하나님의 사람으로 바뀌기를 원하십니다. 또한 죄 때문에 왜곡된 세상의 질서들이 나 때문에 바뀌기를 원하십니다. 물론 내가 바뀌면 세상이 달라지는 것이기는 하지만, 하나님은 적극적으로 세상에 개입하셔서 일하기를 원하십니다. 그런데 이러한 일들을 추진할 수 있는 힘은 세상과 '다름'이라는 것이지요. 세상과 달라야 세상을 바꾸어 놓을 수 있기 때문입니다. 또한 세상과 다름은 그 자체가 예수님과 하나가 된다는 의미도 내포하고 있습니다. 예수님의 길과 세상의 길은 다르기 때문입니다.

많은 사람들은, 본문에 나타난 베드로의 입장이 되어, 세상적인 물질의 가치가 공격해 오거나, 자신은 나름대로 열심 있는 신앙을 가지고 있지만 세상의 위대한 성공과 비교해보니 자신이 가진 것이 없어서 초라해 보이고 비참해 보이면 하나님이 원망스러울 수 있습니다. 그리고 급기야는 하나님을 떠날 수도 있습니다. 또는 하나님을 향하여 불평과 원망의 목소리를 크게 높일 수 있습니다. 예수님을 따를 때, 배도 버려두고 그물도 버려두었으며 가정을 뒤로한 채 그렇게 쫓아 다녔는데 예수님으로부터 얻어서 손에 쥐고 세상에 자랑할 만한 것들이 없기 때문입니다. 그러나 베드로는 그 상황에서도 "주는 그리스도시요! 하나님의 아들이십니다"라고 고백하였습니다. 이것이 세상과 다름입니다. 베드로의 대답은 이미 그 자체가 세상과 반대되는 십자가의 길을 걸어가는 것이었기 때문입니다.

황제의 도시의 위용이 나를 둘러싸고, 세상의 물질문명과 권세 앞에서 상대적으로 나는 거치처럼 초라해 보이고, 또 당장 끼니를 때울 돈이 없어도 예수님은 나의 메시아라는 것입니다. 얼마나 실존적인 질문과 답입니까? 당장 먹을 것이 없고 가지고 있는 것이 없어 초라해 보이지만, 오히려 상대적으로 세상은 나에게 예수를 믿고 무엇을 얻고 누리고 있느냐고 세상적인 기준만을 가지고 나를 억누를 때, 그때에도 예수님은 나의 주인이시고 나의 통치자이시며 나를 인도하실 분이라는 것입니다. 이렇게 볼 때, 베드로의 답은 이미 그의 답 속에 세상과 반대되는 십자가의 결단이 서 있는 것입니다. 저는 베드로의 고백을 떠올리며 그 순간을 지속적으로 기억하고 그 감동을 유지하고자 다음과 같은 찬양을 눈물로 부르곤 합니다.

> "지존하신 주님 이름 앞에 모두 무릎 꿇고 다 경배해
> 거룩하신 주님 이름 앞에 엎드려 절하세
> 예수는 그리스도! 예수는 주!
> 하나님의 영으로 경배 드리세!"

사랑하는 여러분! 한번 점검해 보십시오! 나에게는 세상과 다른 믿음의 고백과 신념이 있습니까? 또한 그 다름을 기초로 하늘의 비밀을 알아가며 세상을 바꾸어가고 있는 사람입니까? 아니면 아직도 나에게만 초점을 맞추어 신앙생활을 하는 사람입니까? 혹시 나에게만 초점을 맞춘 신앙을 영위해 가고 있더라도 분명히 기억하십시오! 언젠가는 하나님께서 그러한 나로 하여금 세상을 바꾸시는 사람들로 만들어 가실 것입니다. 그것이 나를 향한 하나님의 원대한 계획입니다. 그리고 세상을 바꿀 수 있는 기본적인 힘은 세상과 '다른' 믿음의 고백과 삶의 모습에 있다는 것을 알아야 합니다. 세상 속에 살아가지만 세상과 '다름!', 바로 이것이 세상 속에서 살아가는 그리스도인들이 세상을 헤쳐 나가고 변화시킬 수 있는 힘입니다.

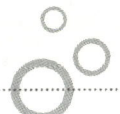

1. 베드로의 고백은 그 내용 자체가 세상의 가치와는 다른 '다름'이라는 차원을 내포하고 있습니다. 무엇이 세상과 다른 것인지 생각해 보세요.

2. 세상과 다른 삶을 사는 것이 왜 세상을 넉넉히 이기는 힘이 되고 세상을 바꿀 수 있는 힘이 될 수 있는지 생각해 보세요.

3. 내가 세상과 다른 것은 어떠한 것이 있는지 생각해 보세요.

1 – 6 "주는 그리스도시요! 살아계신 하나님의 아들이십니다! (3)"

세상 속에서 살아가지만 세상 사람들과 다른 삶의 모습! 그것이 이 세상을 헤쳐 나가는 힘이라고 말씀을 드렸습니다. 그러한 세상과 다른 삶이 있어야 온전한 제자가 되기도 합니다. 이렇게 본다면 세상과 '다름'이라고 하는 것은 선택사항이 아니라, 예수님의 제자가 되기 위한, 그리고 성숙한 그리스도인이 되기 위한 필수사항이라고 할 수 있습니다. 다만 언제 그러한 세상과 다른 삶의 고백을 하며 실천해 갈 수 있느냐가 관건이 되겠지요.

예수님께서는 세상의 가치를 전도시키는 베드로의 믿음의 고백을 들으신 후 칭찬뿐만이 아니라, 귀한 선물도 주셨습니다. 그것은 그 믿음의 고백 위에 교회를 세우시겠다는 것입니다. 그리고 천국의 열쇠도 주셨습니다. 음부의 권세가 감히 이기지 못할 것이라고 말씀도 해주셨습니다. 이것이 베드로에게만 주신 특권입니까? 그렇지 않습니다! 베드로와 같은 고백을 하는 모든 사람들이 누릴 수 있는 특권입니다. 즉, 예수를 위해, 하나님 나라를 위해 죽으면 죽으리라는 고백이 있는 자들 위에 하나님의 교회가 세워져 있고, 그렇게 세워진 교회는 어느 누구도 흔들 수 없다는 것입니다. 또한 땅에서 풀면 하늘에서도 풀리고, 땅에서 묶으면 하늘에서도 묶이는 역사가 일어납니다. 여기에 이 땅에 존재하고 있는 교회의 오묘한 비밀이 담겨있습니다. 베드로의 고백 때문에 예수님을 통하여 듣게 된 비밀이지요.

먼저, 교회는 건물이 아니라, 예수님을 그리스도로, 그리고 하나님의 아들로 고백하는 사람들의 신앙의 고백위에 세워진 공동체라는 것입니다. 아무리 사람이 많이 모여도 이러한 고백 위에 하나로 뭉쳐 있지 않다면 교회는 더 이상 건강한 교회라고 할 수 없습니다. 즉 교회는 세상의 가치를 전도시키고 그것을 초월하는 가치 위에 세워져 있다는 것입니다. 그러므로 세상을 쫓거나 세상을 따라가서는 안 되며, 세상을 변화시키고 바꿀 수 있는 공동체가 되어야 합니다. 이렇게 보자면, 세상을 바꿀 수 없는 그 교회는 더 이상 존재가치를 잃은 교회라고 말할 수도 있지 않을까요?

또한 이러한 믿음의 고백 위에 세워진 교회는 세상과 다른 가치를 가진 공동체이기에 넉넉히 세상을 이기며 바꾸어갈 힘도 있지만, 음부의 권세도 이기기 못한다고 하였습니다. 감히 음부의 권세가 손대거나 장난치지 못하는 것입니다. 저는 이 말씀을 문자 그대로 믿습니다. 베드로의 믿음의 고백이 중요한 것은 이러한 고백 위에 교회가 세워지고 그 교회는 음부의 권세가 이기지 못하기 때문입니다. 오늘날 교회 안에 얼마나 음부의 권세가 장난치고 있는 경우가 많습니까? 그 모든 것이 교회가 제 위치를 찾고 있지 못하다는 증거일 것입니다. 만약 그렇다면 다시 교인 구성원들의 믿음의 고백을 점검해 보십시오! 그리고 이 말씀을 그대로 믿으십시오. 음부의 권세가 물러갈 것입니다!

교회는 요한복음 5장에 나오는 베데스다와 같은 곳이 되어서는 안 됩니다. 베데스다는 "은혜가 있는 집"이라는 의미를 가지고 있습니다. 즉 오늘날로 말하면 교회지요. 그곳에는 온갖 종류의 환자들이 모여 있었습니다. 그러나 그들을 치료해줄 어떠한 능력 있는 사람도 없었고 방법도 없었기에 그 안에 있는 사람들은 한낱 소문에 의지하여 물이 동하는 것만을 기다리는 헛된 소망을 가지고 살 수 밖에 없었습니다. 그것은 헛된 소망입니다. 물이 동한다고 할지라도 소문대로 처음 들어가는 사람이 병이 나을지 모르는 일이었고, 또 낫는다고 하여도 처음에 들어간 사람만 나을 수 있었기에 신기루 같은 헛된 소망을 가지고 모여 있는 사람들이라고 할 수 있습니다. 그곳을 예수님이 찾아가셨고, 예수님은 가장 고치기 힘든 38년 된 병자를 고쳐주시며 능치 못 할 일이 없음을 보여주셨습니다. 그렇습니다! 오늘날의 교회는 예수님이 없는 베데스다가 되어서는 안 되고, 예수를 그리스도로 고백하여 예수의 능력을 체험하는, 어떠한 음부의 세력도 장난치지 못하는 공동체가 되어야 합니다! 문제가 있는 자들은 교회에 와서 음부의 세력에서 벗어나야 합니다. 교회는 그러한 곳입니다. 예수께서 그것을 가르쳐 주신 것입니다.

마지막으로 베드로와 같은 신앙의 고백위에 세워진 교회는 이 땅에서 매는 것을 하늘에서도 매이고, 이 땅에서 푸는 것을 하늘에서도 풀어주신다고 하셨습니다. 교회와 하늘이 하나로 연결되어 있는 것이지요. 그렇습니다! 교회는 세상과 다른 공동체이기에 늘 사탄의 공격의 대상이 됩니다. 그러므로 그 사탄을 묶고, 또한 사탄이 묶어 놓은 것을 푸는 역사들이 지속적으로 일어나야할 곳입니다. 그러한 역사가 일어나지 않는 교회는 단지 윤리적이고 교리적인 교회일 뿐 어떠한 능력의 역사도 경험하지 못하는 교회일 것입니다. 이러한 교회가 건강한 교회이고 살아 있는 교회인 것입니다. 예수님은 베드로의 고백을 통하여 이러한 교회의 비밀을 가르쳐 주신 것입니다.

사랑하는 여러분! 오늘날 교회가 세상을 변화시키는 힘이 없어 보이는 것은 이러한 기초가 무너졌기 때문은 아닐까요? 예수님과 하나님나라를 위해서 기꺼이 십자가를 질 사람들이 사라져 가기에 교회의 힘이 사라져 가는 것은 아닐까요? 세상은 돈과 물질을 자랑해도 교회는 예수를 끝까지 포기하지 않고 따르겠다는 십자가 정신의 사람으로 채워져야 힘이 있는 것 아니겠습니까?

1. 베드로의 고백은 하나님의 교회와도 깊은 관계가 있습니다. 베드로
   의 고백과 하나님의 교회와의 관계를 설명해 보세요. 왜 베드로의 고
   백을 들으시고 예수님은 교회에 관한 말씀을 하셨습니까?

2. 믿음의 고백이 있는 교회를 왜 음부의 권세가 이기지 못할까요? 생
   각해 보세요.

3. 믿음의 고백이 있는 교회는 이 땅에서 묶고 푸는 능력을 가졌습니다.
   예수님께서는 많은 가치와 기준들 가운데서 묶고 푸는 것을 선물로
   주셨을까요? 어떠한 중요한 의미가 있습니까?

십자가는 아무나 질 수 없습니다. 마음에는 원이로되, 아직 그 과정에 이르지 못했다면 주저앉게 됩니다. 아니, 십자가의 길이 고난의 길이고 자기 포기의 길이라는 것을 깨달을 정도로 성숙하였을지라도, 또는 십자가를 지겠노라고 고백했을지라도 넘어질 수 있는 것이 우리들입니다. 그래서 예수님께서도 제자들을 부르신 후, 처음부터 십자가를 말씀하시며 훈련시키지 않으셨습니다. 빌립보 가이사랴 지역에 이르러 베드로의 고백을 듣고서야 비로소 당신이 지셔야할 십자가를 말씀해주시며 그들이 지고가야 할 십자가에 대해서 훈련시키셨습니다.

제자들은 예수님을 좇기 위하여 처음부터 배도 버려두고 그물도 버려두었으며, 가족도 뒤로 한 채 예수님을 좇았던 사람들이지만, 오랜 시간이 흘러서야 예수님은 십자가에 대해서 말씀을 해 주셨습니다. 그런데 성경을 보면, 위대한 신앙의 고백을 하였던 베드로도 그 믿음의 고백 뒤에 십자가의 길을 가로막는 반대자의 편에 서게 되는 것을 봅니다. 예수님께서 자신의 고백을 들으시고 십자가의 죽음과 부활을 말씀하시자 곧 바로 그렇게 죽으실 수 없다고 예수님을 가로막았기 때문입니다. 바로 한 순간 하나님의 편에서 생각하지 못하고, 인간적인 생각을 하며 예수님의 십자가의 길을 가로 막았던 것이지요. 바로 이러한 모습이 우리들의 모습입니다. 우리의 입술에서는 십자가의 길을 따라가겠다고 열정에 차서 고백을 하였더라도, 한 순간 세상을 바라보면 그 십자가의 길을 가로막는 사람이 되기 때문입니다.

예수님은 그러한 베드로에게 "사탄아! 물러서라! 너는 내 길을 가로막는 자로다"라고 말씀하시며 심하게 꾸짖으셨습니다. 십자가의 길을 가로막는 것은 구원의 길을 가로막는 것과 다름이 없기 때문입니다. 그리고 나서 예수께서는 제자들에게 십자가의 길을 가르쳐 주셨습니다. "누구든지 나를 따라오려거든 자기를 부인하고 자기 십자가를 지고 나를 따를 것이니라" 한순간도 방심한다면 십자가의 역적이 될 수 있기에, 아직은 세상적인 모습에 물들어 있고 연약한 나 자신을 내려놓으며 십자가를 지고 예수님을 따라오라는 것입니다. 늘 죄 되고 연약한 자신을 부인하지 않고는 십자가의 길을 쫓을 수도 없고 걸어갈 수도 없다는 것을 가르쳐 주신 것입니다. 이것은 베드로와 같은 고백! 예수님께서 그렇게 칭찬하시고 좋아하신 고백을 어떻게 지속할 수 있는가의 문제와도 직결됩니다.

결국 신앙의 길은 자신을 부인하고 자기 십자가를 지고 예수님을 따르는 길입니다. 이것은 예수님께서 베드로의 고백을 통하여 궁극적으로 주신 결론입니다. 예수님께서 제자들을 부르시고 훈련시키시며 궁극적으로 말씀해 주시고 싶어 하셨던 부분입니다. 그렇다면 왜 자신을 부인해야 하나요? 여기서 자신을 부인하라는 것은 나의 존재자체를 부인하라는 것이 아닙니다. 우리의 자신은 죄로 물들어 있습니다. 최초의 인간이 죄를 짓고 타락한 순간부터 그렇습니다. 그 후 많은 시간이 지나며 더 깊게 물들어 있습니다. 나도 알지 못 할 만큼 많이 물들어 있습니다. 그러한 우리를 구속하시고 회복시키기 위하여 예수님이 오셨습니다. 그러므로 예수님을 쫓기로 작정한 우리들은 온전히 그 길을 쫓아가기 위하여 죄에 물든 자신의 말을 들어서 안 됩니다. 이제까지 살아오면서 그것에 익숙해 있기에 그것을 부인하지 않으면 안 됩니다. 그렇게 할 때 예수님이 인도하시는 길이 보이기 시작합니다. 그러므로 자신을 부인하라는 것은 지금까지 살아온 나를 믿고 바라보지 말고, 그러한 나를 내려놓고 주님을 바라보고 주님의 음성에 귀 기울여 따라오라는 의미라고 할 수 있습니다.

또한 자기 십자가를 지고 쫓아오라는 것은, 예수님을 따르는 길 자체가 세상과 반대되는 가치를 가진 길이고 세상이 걸어가는 길과 다른 기이기에 어려움과 아픔이 있다는 것을 암시해 줍니다. 그러나 포기하지 말고 그 어려움과 아픔을 안고 따라오라는 것입니다. 예수님을 쫓으며 생겨날 수 있는 모든 고난과 어려움, 아픔과 문제들을 다 떠넘기고 따라가는 길이 아니라, 그것을 품고 따라가는 길이 예수님의 길이요 십자가의 길이라는 것입니다. 베드로의 고백이 그 결단을 표현한 고백이지요.

사랑하는 여러분! 십자가의 길을 걸어가지 않으면 예수님을 따라갈 수 없습니다. 예수님을 따라가지 않으면 신앙의 길이 아닙니다. 그런데 한국교회는 너무 십자가를 가르치지 않고 강조하지 않는 것 아닙니까? 예수님 때문에 영광을 보려는 사람들은 많지만, 자신의 십자가를 지고 따라가려는 사람은 적은 것 같습니다. 그래서 위기인 것 같기도 하구요. 마음이 아픕니다. 십자가의 길은 어려워 보이지만 그렇지 않습니다. 모든 고난과 아픔을 품고 가야하는 길이지만 생명을 경험할 수 있는 길이며 하나님의 사랑이 함께함을 느낄 수 있는 길입니다. 그래서 갈 수 있습니다. 저는 종종 눈물로 다음의 찬양 가사를 부르며 결단을 다시 다지곤 합니다.

"(후렴) 하나님의 사랑이 영원이 함께 하리 십자가의 길을 걷는 자에게 순교자의 삶을 사는 이에게! 조롱하는 소리와 세상 유혹 속에서도 주의 순결한 신부가 되리라! 내 생명 주님께 드리리!"

1. 믿음의 고백을 한 후, 왜 금방 다시 그 고백을 뒤 짚는 십자가의 방해
   꾼이 되기도 할까요? 그 이유를 생각해 보세요.

2. 예수님은 왜 베드로에게 '사탄'이라는 단어를 사용하시며 금방 칭찬
   하셨던 베드로를 꾸짖으셨을까요? 예수님이 지셔야할 십자가와 관
   련지어 생각해 보세요.

3. "자신을 부인하고 자기 십자가를 지고" 예수님을 따른다는 것을 무
   엇인지 생각해 보세요. 왜 내 자신을 부인해야 하나요? 자기 십자가
   는 무엇을 의미하나요?

4. 십자가의 길을 걸어감 없이 예수님을 쫓지 못하는 이유를 생각해 보
   세요.

1 – 8 "왕이 오시네"

12월은 우리 기독교에서 대강절로 지킵니다. 우리의 왕 되신 예수께서 하늘에서 오신 것을 기념하고 축하하며 감사하는 절기이지요. 그런데 저는 대강절의 절기만 되면 매년 가슴이 두근거립니다. 마치 오랫동안 보지 못하였던 부모님을 만나는 듯한 심정입니다. 무척 가슴이 뛰고 기다려집니다. 이미 2,000년 전에 이 땅에 오신 예수님이지만, 대강절만 되면 예수께서 이 땅에 오셨을 때의 감동과 환희가 제 안에서 재현되는 것 같은 느낌이 듭니다. 아마 2,000년 전, 예수님의 탄생소식을 들은 목자들의 마음이라고 할까요?

이즈음에 제가 많이 듣는 찬양이 있습니다. 그것은 침묵기도 찬양에 담겨있는 "왕이 오시네"라는 찬양입니다. 올네이션스 경배와 찬양팀이 부른 찬양인데, 이 찬양만 들으면 마치 하늘의 지존하신 왕께서 이 땅에 오셔서 우리에게 얼마나 기쁨과 소망이 되는지를 느낄 수 있습니다. 그리고 내 안에 있는 모든 문제가 그 왕을 만남으로 모두 해결될 감동도 갖게 됩니다. 많이 울기도 한답니다.

오래 전에 저희 부모님들이 저희 형제(제게는 남동생이 있습니다)만 남겨두시고 외국 여행을 오랫동안 다녀오신 일이 있습니다. 처음에는 저희 형제만 생활한다고 하는 것이 참 자유로울 것 같아 기뻤습니다. 부모님께서 더 이상 간섭받지 않아도 되고, 또 내가 하고 싶은 것을 마음대로 할 수 있고, 내가 우리 집에서 가장 어른이라는 것이 좋았습니다. 그래서 기분 좋게 며칠이 지나갔습니다. 그런데 어느 정도의 시간이 지나고 나서 문제가 터지기 시작했습니다. 동생과 순번대로 설거지를 하기로 했는데, 그것이 잘 안되어서 다툼이 있었습니다. 그리고 집안을 정리 정돈하는 문제도 큰 문제로 다가 왔습니다. 집안은 어느 정도 손이 가야 정리되고 정돈되는 것을 그때 느꼈습니다. 게으르면 집안이 편안한 휴식처가 될 수 없다는 것도 그때 알았습니다. 그런데 가장 큰 문제는 먹는 문제였습니다. 며칠은 자유롭게 이것저것 잘 먹었지만, 시간이 지나면서 지쳐서 무엇을 해먹기가 싫어졌습니다. 그러자 몸도 아프고 어려워지는데 누구 한 사람도 저를 위로해 줄 사람이 없었습니다. 아직 부모님이 돌아오시려면 2-3일은 더 있어야 하는데... 부모님이 그리워지기 시작하였고, 부모님의 빈자리가 크게 느껴지기 시작하였습니다. 그때 마침 부모님으로부터 전화가 왔습니다. 마치 현재 우리의 삶을 잘 알고 계신다듯이, 우리를 위로해 주시고 며칠만 더 참고 기다리라고 하셨습니다. 그리고 힘내라고 하셨지요. 전화를 끊고 눈물이 났습니다. 부모님이 무작정 보고 싶어졌습니다. 너무 그리웠습니다. 그리고 부모님만 돌아오시면 지금의 모든 문제들이 해결될 수 있기에 기다려지기도 하였습니다.

매해 대강절을 맞이하면서 그러한 마음이 동일하게 듭니다. 가슴이 뜁니다. 마치 문제가 많은 자식이 부모님을 기다리는 마음으로! 그 주님의 이 땅에 오심을 이천년 전으로 돌아가 기대하게 만들고 그분을 더 깊게 만날 소망을 주십니다. 무작정 그분이 그리워집니다. 예수님이 이 땅에 오신 절기가 그렇게 감사할 수 없습니다. 이제 그 왕이 이 땅에 오셨기에, 만나기만 한다면 모든 문제가 해결 될 것이고, 또한 그 안에 있는 생명이 누려질 수 있을 것이기 때문입니다. 저에게 있는 대강절을 향한 기대에 벅찬 기다림과 만남은 앞으로 재림의 주님을 만나고 하나님을 만나게 될 연습이기도 한 것 같습니다.

아멘! 주 예수여! 어서 오시옵소서!

1. 매해 맞이하는 대강절을 왕이 오심을 고대하며 반복해서 가슴을 뛰게 맞이해야 한다면 그 이유가 어디에 있을까요? 예수님의 재림과 관련해서 생각해 보세요.

2. 예수님이 하늘의 보좌를 버리시고 이 땅에 오신다는 사실 때문에 기대하며 감사의 눈물을 흘려본 적이 있습니까? 그때 나는 어떠한 삶의 상황에 있었습니까?

3. 나는 재림의 예수님을 고대하고 갈망하는 사람입니까? 그렇지 못하다면 무엇이 문제일까요? 예수님의 재림은 분명한 우리의 기쁨이고 소망이어야 합니다.

A deeper contemplation about the Gospel

"십자가"에 관한 보다 깊은 묵상

2 – 1 "십자가를 통한 부활"

II

기독교 복음의 핵심은 예수그리스도의 십자가 사건과 부활사건이라고 할 수 있습니다. 복음이라는 단어는 헬라어 어원적으로 볼 때, '유앙겔리온'이라는 단어가 가장 많이 사용되었는데 이 단어의 의미는 '기쁜 소식' 혹은 '아름다운 소식'이라는 의미를 지니고 있습니다. 그러면 무엇이 기쁜 소식일까요? 그것은 예수 그리스도가 우리 인간의 근본적인 죄의 문제를 해결하시기 위하여 십자가에서 죽으셨고, 부활하여 사탄이 가지고 있는 죽음의 모든 권세를 깨뜨리시고 천국의 처소를 준비하고 계시며 하나님과 인간 사이에서 우리 죄 된 인간들을 중보하고 계신다는 것이 가장 기쁜 소식이고 아름다운 소식입니다.

특별히 예수님의 십자가의 죽음은 우리의 죄를 속하신 사건이기에 기쁜 소식이 됨을 알고 있지만, 예수님의 부활이 왜 기쁜 소식이 되는지 잘 알지 못하는 경우가 있습니다. 물론 죽으셨던 주님이 살아나셨기 때문에 우리에게 기쁜 소식이 되지요. 그러나 더 중요한 것은 예수님께서 다시 살아나심으로 죽음이 더 이상 우리를 가두지 못하게 되었다는 것입니다. 예수님은 죽음의 권세를 깨뜨리시고 다시 살아나신 것입니다. 사탄은 인간의 모든 끝이 죽음이라고 우리를 위협하며 죽음으로 내몰았습니다. 그리고 죽음을 장악하고 있기에 인간을 좌지우지 하였습니다. 그러나 예수님께서 우리의 죄를 속하셨을 뿐 아니라, 죽음의 권세를 이기심으로 우리가 더 이상 죽음에 얽매여 살지 않도록 해 주셨습니다. 할렐루야! 죽음을 이기셨다는 것은 인생이 나중에 죽음으로 그대로 끝나지 않는다는 것만을 의미하는 것이 아니라, 살아가는 동안에도 죽음의 권세에 매여 죽음의 열매들을 경험하지 않고 살아갈 수 있다는 것입니다. 그렇기에 또한 예수의 생명을 경험하며 살아갈 수 있다는 것이지요. 예수님만 의지한다면 늘 생명 안에서 살고 그 생명을 누리며 살아갈 수 있다는 것입니다. 바울은 위와 같은 기쁨의 소식을 자신이 먼저 경험하고 나서 평생 목숨이 다하는 날까지 그 복음을 전하며 어둠에 갇혀있고 소망이 없는 자들, 내일이 없는 자들에게 소망과 영생을 갖게 하였습니다.

그러나 여기에서 한 가지 분명히 하고 넘어가야할 부분이 있습니다. 그것은 예수님께서 십자가에서 죽으셨기에 부활의 영광을 얻을 수 있으셨다는 점입니다. 부활의 영광은 반드시 십자가의 죽음이 전제되어 있습니다. 만약 예수님께서 십자가 위에서 돌아가시지 않았다면 어떻게 다시 살아나시는 부활이 있을 수 있었겠습니까? 십자가 위의 고통과 아픔이 없었다면 어떻게 부활의 영광이 있었겠습니까? 십자가 위에서 철저하게 죽으셨던 그 죽음이 있으셨기에 부활의 영광을 경험할 수 있었던 것입니다. 우리 편에서 보자면, 예수님의 십자가 사건도 죄 사함의 사건이 되기에 기쁜 소식이고, 부활하신 사건도 죽음의 권세를 깨뜨리신 사건이기에 기쁜 소식이지만, 예수님께서 가신 길은 우리가 그대로 따라 가야할 길이기에 십자가의 죽음도 부활의 영광도 따라가야 할 길이요! 경험해야 할 요소들입니다. 우리도 예수님처럼 십자가의 죽음을 경험해야 하며, 그때 부활의 영광이 나타날 수 있다는 것입니다.

주님은 제자들에게 직접 "자기 십자가를 지고 좇아 올 것"을 요구하셨습니다. 십자가에서 죽음이 없이는 부활의 영광이 없기 때문입니다. 부활하신 주님은 분명히 주님께서 누리신 감격스러운 부활의 기쁨과 영광을 우리를 위해서도 준비해 주셨습니다. 문제는 우리가 십자가를 감수하겠다는 결단이 있느냐 하는 것입니다. 걱정은 마세요. 십자가를 먼저 지신 주님께서 십자가의 고통과 아픔을 아시기에 우리가 지고가야 할 십자가의 고통 또한 아시고 이길 힘을 주시며, 감당할 수 있도록 하시기 때문입니다. 하지만 십자가가 힘들고 어렵다고 포기하며 부활의 영광만을 추구하다보면, 기독교의 핵심을 놓칠 수 있고, 또 기독교를 이상한 신비주의로 끌려 갈 수도 있습니다. 만약 오늘날 신자들의 영적인 상태가 건강하지 못하다면, 그리고 한국의 많은 교회들이 건강하지 못하다면, 그 이유 중에 하나는 십자가를 거부하고 부활의 영광만을 추구하는데서 오는 결과일 수 있습니다. 많은 성도들은 십자가의 죽음을 포용하기 보다는 부활의 영광만을 추구하는 경향이 많습니다. 그러나 이때 기독교는 기형이 된다는 사실을 분명히 알아야 합니다.

부활의 영광은 분명히 우리가 누릴 수 있는 것입니다. 지금 당장 누릴 수 있습니다. 그러나 분명한 과정이 있다는 사실을 다시 한 번 명심하십시오. 십자가가 없는 부활은 없다는 사실 말입니다. 내가 지금 지고 있는 십자가는 어떠한 십자가 입니까? 그것을 통해 나타날 부활의 영광은 어떠한 것일까요? 주님은 내가 지고 있는 십자가의 고통과 아픔을 통하여 얻을 수 있는 부활의 영광을 반드시 준비해 놓고 계십니다. 그러므로 먼저 고통당하시고 죽으셨으며 부활하신 주님께서 주시는 힘과 격려 안에서 우리 모두가 부활의 영광을 경험하는 신앙의 단계까지 달려갈 수 있기를 원합니다.

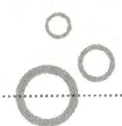

1. 예수님의 십자가와 부활의 사건이 나에게 왜 기쁜 소식이 되는지 생각해 보세요. 나는 이론적으로만 동의하고 있지는 않습니까? 기쁜 소식을 경험하며 살고 있습니까?

2. 기독교인들이 부활의 영광만을 추구한다는 말은 어떠한 의미를 내포하고 있는지 생각해 보세요.

3. 내가 져야할 십자가를 진 것 같은데 부활의 영광을 경험할 수 없었다면 어디에서 문제를 발견해야 할까요? 무엇이 문제일까요?

2 - 2 "고마운 십자가"

　얼마 전 저는 믿겨지지 않는 부음의 소식을 들어야 했습니다. 아내의 작은 아버지가 돌아가신 것입니다. 아내에게 아버지가 돌아가시고 나서, 친가 쪽에는 한 분밖에 없는 혈육이셨고, 또 극진히 저희를 챙겨주시고 사랑해 주셨던 분이셨습니다. 그러한 분이셨기에 그분의 죽음은 충격이었지만, 더 충격적인 사실은 그분의 연세가 53세 밖에 되지 않으셨는데 돌아가신 것이었습니다. 밤에 잠을 주무시다가 아침에 일어나지 못하시고 돌아가신 것이었습니다. 늘 자상하시고 웃으시며, 또 우리 가정이 목회를 한다고 바빠서 도리를 다하지 못할 때에도 이해해 주시고 오히려 배려해 주셨던 분이셨는데 그렇게 돌아가셨다고 하니 너무나 충격이었습니다. 죽음이라는 것이 한 순간에 다가오는 것임을 다시 한 번 깨달을 수 있었습니다.

　그분에게는 군대에 가 있는 아들과 대학생인 딸 밖에 없었기에 저희 가족이 장례식장에 일찍 가서 도와야 했지만, 급한 일들이 생겨나 돌아가신 그 다음 날 오후에야 장례식장으로 내려가게 되었습니다. 장례식장에 가서 조문하러 오신 분들의 이야기를 들어보니 그분이 좋게 사셨던 대로 많은 사람들이 그분의 죽음을 애도하며 조문하였다고 하며, 얼마나 대인관계가 좋으셨던지 아들이 아르바이트를 했던 사장님까지 와서 울면서 조문을 하셨다고 합니다. 그런데 제 가슴에는 너무 메어지게 아픈 부분이 있었습니다. 시간을 내어서 그분에게 찾아뵙고 예수님에 대해서 더 많은 이야기들을 나누고 들려드리고 싶었는데 그 일을 하지 못했기 때문입니다. '시간이 있을 거야' 라고 단순히 생각하곤 하였는데, 이렇게 금방 소천 하실 줄은 몰랐던 것입니다. 늘 제 입술로는 "내일이 우리의 시간이 아닙니다!"라고 외쳤지만, 정작 가까운 친척에게는 소홀하였던 것이지요. 마냥 내일이 있을 것이라고 생각한 것입니다. 예수님을 믿고 돌아가신 것은 맞지만, 더 구원의 확신을 돈독히 해드리고 신앙에 도움이 될 만한 말씀을 나누지 못한 것이 가슴에 남아 마음을 저리게 한 것입니다.

그분이 저에게 하신 다음과 같은 말들이 생각이 났습니다. "하 서방, 나도 교회 다니네! 예수 믿는다구!", "내가 이번에 우리 교회 현관에 햇빛을 막는 차양을 만들어 놓았네!"하시면서 기뻐하시고 저에게 자랑하시던 모습을요! "나도 집사야!", "목사님들은 참 힘든 것 같아. 그래서 내가 우리교회 목사님을 만나면 늘 기뻐 웃을 수 있게 해드리지. 하 서방도 웃으면서 목회해라!" 정말로 인간성이 좋으셨던 분이셨기에 교회를 다니면서도 목사님과 교회에 충성을 하셨던 것입니다. 그러나 제 마음 한편에는 그러한 모습이 신앙의 모든 것이 아니었기에 십자가 복음을 충분히 전달해 드리고 싶었던 것입니다.

발인예배를 드리면서 많이 울었습니다. 너무 바쁘게 살지 말고 조금만 일찍 그분과 만남을 가졌더라면... 그분의 영정 사진은 늘 그랬듯이 웃는 모습이었습니다. 그런데 그 때 더 깊게 가슴에 와 닿는 감사와 희망이 있었습니다. 바로 십자가였습니다. 앞을 알지 못하고 살아가는 우리들! 언제 이 땅을 떠날지 알지 못하는 우리들! 죽음의 인사조차 하지 못하고 떠나는 우리들이지만, 그러한 우리들에게 소망이 있음은 우리의 죄를 용서하시고 천국으로 인도하는 십자가가 있기 때문입니다. 고인께서 예수님을 믿고 영접하였다고 하니 나중에 천국에서 만날 소망이 있음을 깨닫습니다. 그 십자가 때문에 소망을 갖고, 그 십자가 때문에 다시 만날 그날을 기대해 봅니다. 그리고 결단합니다. 세상을 향하여 더 강하게! 더 많이! 십자가를 전해야겠다고 말입니다. 그리고 더 이상 그 고마운 십자가를 전하는 일을 미루지 않을 것을 다짐해 봅니다.

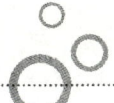

1. 죽음 앞에서도 믿는 자에게 소망이 있다면 무엇이 소망일 수 있을까요?

2. 십자가를 고맙다고 생각해 본 경험이 있습니까?

3. 하나님이 주신 기회에 십자가를 전하지 못하고 그분이 먼저 세상을 떠난 안타까운 경험을 한 적이 있습니까? 그때 나는 무슨 생각과 결심을 하였나요?

2 − 3 "한 알의 밀이 땅에 떨어지면"

요한복음 12장 24절을 보면, "한 알의 밀이 땅에 떨어져 죽지 아니하면 한 알 그대로 있고 죽으면 많은 열매를 맺느니라"고 기록하고 있습니다. 이 말씀은 예수님께서 자신이 이 땅에 오신 이유와, 왜 죽어야하는지를 함축적으로 가르쳐 주신 말씀입니다. 한 알의 밀알과 같은 예수님께서 직접 죽으심으로 그 안에 있는 생명이 싹 트고 열매를 맺을 것이라는 것이지요. 실제로 예수님께서는 십자가 위에서 우리의 죄를 감당하시고 철저히 죽으심으로 이 세상을 구원하시는 놀라운 열매를 맺으셨습니다. 절대로 죽는 시늉만 하신 것이 아니라, 철저하게 죽으셨습니다. 그 죽으심으로 밀알처럼 자신을 덮고 있는 껍질을 벗고 형태가 없어지며 싹을 틔어 수많은 열매를 맺게 하신 것입니다.

이 진리는 예수님에게만 적용되지 않습니다. 우리 모든 그리스도인에게 적용됩니다. 예수님께서 자신 안에 있는 생명을 열매 맺기 위하여 십자가에서 죽으셨던 것처럼, 우리도 예수님을 따라 죄 된 본성을 죽이고 철저하게 우리 자신을 비울 때 우리를 통해 수많은 생명의 열매들이 맺어지게 될 것입니다. 우리가 예수 그리스도를 믿고 구원 받은 순간부터 우리는 우리 안에 생명을 가지고 있는 존재들입니다. 나에게 있는 생명은 수많은 생명의 가능성을 내포하고 있는 씨앗인 것이지요. 다시 말하자면 한 알의 밀알이 되었다는 것입니다. 비록 껍질은 딱딱한 표피에 갇혀 있지만, 그 표피가 깨어져 속에 있는 생명의 근원이 땅에 접촉하여 싹을 틔울 수만 있다면 수많은 열매를 맺을 수 있는 것입니다. 그런데 안타깝게도 많은 그리스도인들은 그 생명의 가능성을 품은채로만 살아갑니다. 수많은 열매를 맺지 못합니다. 왜냐하면 그 껍질 깨는 죽음을 경험하지 않기 때문입니다.

우리가 예수님을 따라가기로 했을 때, 어디까지 따라가야 하느냐의 문제는 중요합니다. 그 종착역은 십자가의 죽음과 부활까지입니다. 그러므로 요한복음 12장 24절의 말씀은 우리에게 그대로 적용되는 말씀입니다. 한 알의 밀알이 된 우리가 죽어야 많은 열매를 맺을 수 있다는 것입니다. 그 죽는 것은 과정이 필요합니다. 살아가면서 우리에게 수시로 발견되는 죄 된 본성들을 십자가 앞에 가지고 나와 없애는 작업이 죽는 작업입니다. 우리에게 결단이 필요한 부분입니다. 이것은 힘든 일일 수 있습니다. 그러나 이 과정을 거칠 때, 우리에게 많은 열매가 맺힐 것입니다. 그것도 하나님이 주시는 가장 중요한 축복이라 할 수 있는 영혼의 열매가 맺힐 것입니다. 내가 말만 건네도, 그리고 기도만 하여도, 그리고 잠시 교제만 나누어도 그 영혼들이 눈물을 흘리며 주께로 돌아와 세워질 것입니다. 주님은 십자가를 통하여 우리가 이 단계까지 세워지기를 원하십니다. 분명히 기억하십시오. 우리는 수많은 생명을 품은 씨앗입니다. 우리가 흙속에서 죽어질 때 수많은 열매가 맺어집니다. 주님은 그 열매를 오늘도 기대하고 계십니다. 저는 간혹 다음과 같은 찬양을 부르며 또 하나의 열매를 맺기 원하시는 주님의 마음을 헤아려 봅니다.

"감사해요 깨닫지 못했었는데, 내가 얼마나 소중한 존재라는 걸 태초부터 지금까지 하나님의 사랑은 항상 날 향하고 있었다는 걸 고마워요, 그 사랑을 가르쳐 준 당신께, 주께서 허락하신 당신께 그리스도의 사랑으로 더욱 섬기며 이제 나도 세상에 전하리라

당신은 사랑받기 위해, 그리고 그 사랑 전하기 위해 주께서 택하시고 심으셨네, 또 하나의 열매를 바라시며!

1. 신앙의 열매, 생명의 열매는 왜 십자가의 죽음과 관계가 있을까요?
   죽지 않으면 열매를 맺지 못하는 이유를 생각해 보세요.

2. '나'라는 생명의 씨앗을 덮고 있는 겉껍질은 무엇이라고 생각하나요?

3. 죽음으로 열매를 맺혀본 경험이 있습니까? '나'라는 생명의 씨앗이
   죽어지면 얼마나 큰 열매들이 맺혀질 것이라고 생각하십니까?

2 - 4 "나는 날마다 죽노라"

새해를 맞이하면 많은 사람들이 새로운 결심들을 하곤 합니다. 지난 해에 다 이루지 못한 것들과 새롭게 이루고자 하는 부분들에 관한 계획을 세우는 것이지요. 그런데 계획을 세우면서도 미심쩍어합니다. '과연 이 모든 계획을 다 실천할 수 있을까?' 자신을 의심해 보게 되는 것입니다. 저 역시 새해에 세워 놓은 결심만 해도 참 많았습니다. 정말로 심기일전하여 세운 계획들이었습니다. '이것도 잘해 봐야지!' '이것도 잘 해야지!' '이것은 꾸준히 할 거야!' 그러나 시간이 흐르면서 그 계획대로 살지 못하고 있는 모습을 보개 됩니다. '해야지!' '해봐야지!' '할 수 있을 거야!' 이러한 문구가 저의 계획의 대부분을 차지했습니다.

지난 한 해, 저는 날마다 십자가를 경험하며 힘들지만 죽는 연습을 하고 있었습니다. 왜 그렇게 힘들고 어려운 일들이 계속 생겨나는지... 하나님께 왜 이렇게 죽는 연습을 시키시냐고, 그리고 언제까지 이렇게 죽어야 하느냐고 여쭈어 보아도 대답이 없으셨습니다. 그런데 큐티를 하다가 고린도전서 15장을 읽게 되었습니다. 31절을 보니 바울이 굉장히 놀라운 선언을 한 것을 볼 수 있었습니다. "...단언하노니 나는 날마다 죽노라" 저는 이 구절이 깊게 마음에 와 닿았습니다. '바울은 어떻게 날마다 죽는다는 표현을 할 수 있을까? 이것이 얼마나 힘든 것을 알고 있을 텐데... '그 문구는 이전에도 성경을 읽다가 흔히 지나쳐 가곤 했던 문구였지만, 십자가를 더 깊게 묵상하고 있는 나에게 그 문구는 더 이상 스쳐 지나가버릴 문구가 아니었습니다. 한번 죽은 것도 힘들고 어려운데 바울은 날마다 자신이 죽음과 싸우고 있으며 자신을 십자가에서 죽이고 있음을 선언한 것입니다. 나는 날마다 "해야지!" "해 봐야지!"하고 바둥거리며 살고 있는데 반하여 바울은 "날마다 죽는다"고 반대되는 선언을 하고 있는 것입니다. 나는 내 힘을 가지고 살아가기 위해서 노력하는데, 신앙의 거장인 바울은 오히려 날마다 죽음을 선언하고 있는 것입니다.

저는 바울을 좋아합니다. 제가 바울을 좋아하고 존경하는 가장 중요한 이유 중에 하나는 세상의 다른 어떤 것보다도 십자가만 말하고 예수만 말하기를 원하는 사람이기 때문이었습니다. 저도 그렇게 살기를 간절히 원하고 있지요. 그런데 어떻게 하면 그렇게 할 수 있을까를 알 수 없었습니다. 그런데 그 날 큐티를 하면서 성령께서 그 방법을 가르쳐 주셨습니다. 그것은 다름이 아니라, 날마다 죽는 것입니다. 바울에게 있어서 매번 십자가만을 이야기하고 십자가만을 자랑할 수 있었던 이유 중에 하나는, 날마다 죽는 경험이 있었기 때문이었습니다. 날마다 죽는 사람에게는 그 경험이 가장 큰 경험이기에 그 경험을 다른 사람들에게 말 할 수밖에 없었을 테니까요.

날마다 죽는 삶은 힘들지만 죽음은 부활의 경험과 연결되어 있기에 십자가의 능력을 경험할 수 있습니다. 마치 번지점프에 취한 사람이, 비록 떨어지는 순간은 두렵고 힘들지 몰라도, 떨어진 후 경험하게 되는 짜

릿함과 그 환율 때문에 자꾸 하게 되는 것과 같은 이치지요. 그러므로 바울 역시 날마다 죽는 삶을 살았기에 한편으로는 죽음을 경험하지만, 다른 한편으로는 십자가를 통한 부활의 능력을 경험하여 날마다 새로운 삶이 되었던 것입니다. 그러므로 바울은 입을 열 때마다 새로운 경험에서 나오는 십자가의 능력을 전하게 되었고, 십자가를 사랑하게 된 것입니다.

사랑하는 여러분! 우리가 이렇게 살아야 하지 않을까요? 바울의 고백대로 날마다 죽는 삶을 살 때, 우리에게 십자가가 자랑스러워지고, 또 십자가만 말하게 되는 사람이 될 것입니다. 십자가! 그 안에 모든 능력이 있습니다. 앞으로 그 십자가를 더 깊게 경험하는 사람이 됩시다.

1. 바울이 예수만을 말하고 십자가만을 말 할 수 있었던 이유가 무엇이
   었을까요? 경험과 말의 표현과의 관계에서 구체적으로 생각해보세
   요.

2. 날마다 죽는 삶은 어떠한 것일까요? 생각해 봅시다.

3. 전도자의 능력 있는 삶이 날마다 자신을 죽이는 십자가의 삶과 어떻
   게 관련이 있나요? 능력과 죽음과의 관계에서만 생각해 보세요.

2 – 5 "외로운 십자가"

십자가는 우리를 새롭게 하는 능력의 십자가이며 우리의 죄를 사해 주는 용서의 십자가이기도 합니다. 그런데 십자가를 묵상해 보면 능력의 십자가가 참 쓸쓸하고 외로워 보이기도 합니다. 아니, 십자가는 2,000년 전에도 외롭고 쓸쓸했습니다. 인류를 위한 역사적이고 획기적인 사건이 하나님의 아들이신 예수님을 통하여 십자가 위에서 진행되고 있는데도 말입니다. 그리고 십자가를 통하여 인류는 하나님 아버지와 화해하고 창조의 질서대로 회복될 수 있는 길이 열리고 있는데도 말입니다. 왜 십자가가 외로웠을까요? 그것은 인간을 위한 하나님의 놀라운 일을 인간들이 알아주지 못하고 동참하고 있지 못하고 있기 때문입니다. 그럼에도 불구하고 하나님께서는 인간을 위한 구속의 사건을 십자가 위에서 진행하고 계십니다. 이러한 사실은 성경 안에 자세히 나타나 있습니다.

마태복음 27장 45절을 보면, 예수님께서 십자가를 지시고 마지막으로 네 번째 말씀을 하시기전, 어둠이 몰려왔다고 기록하고 있습니다. 이스라엘 시간으로는 6시부터 9시까지며, 우리 시간으로는 낮 12시에서 오후 3시까지입니다. 도저히 어둠이 몰려올 수 없는 시간에 몰려온 어두움은 무엇을 나타내는 것일까요? 성경을 보면 하나님은 기이한 능력으로 자연계에 이적을 베푸심으로 그것을 통하여 자신의 전능하심을 드러내시며 인간들에게는 특별한 의미를 전달해 주기도 합니다. 예를 들면, 히스기야가 사형을 선고받고 울면서 기도했을 때 일영표의 해 그림자가 뒤로 물러갔고, 또 이스라엘이 아말렉과 싸울 때 이스라엘을 돕기 위하여 해가 기브온 골짜기에 머물기도 하였습니다. 이 모든 것은 하나님의 사인이었습니다. 그러므로 예수님의 십자가 사건 때 몰려온 어두움 역시 하나님의 사인이라 할 수 있습니다. 하나님은 그 어두움 아래서 행해지고 있는 일들이 하나님께로부터 말미암음과 또 그것이 어두움 아래 있는 인간들에게 특별히 의미가 있는 것임을 가르쳐 주시고 싶으셨던 것입니다. 다시 말하자면 예수님께서 십자가 못 박혀 죽으시는 이 순간에 어두움을 온 땅에 내리신 것은 이 자연의 큰 기적들을 통하여 사람들의 마음속에 그들이 지금 하고 있는 일들이 죄 가운데서 행하는 잘못된 일임을 깨닫게 하고 싶으셨던 것입니다.

실제로 예수님을 십자가에 못 박는데 동참했던 백성들, 제사장들, 서기관들, 율법사들, 정치가들은 모두 한가지로 치우쳐서 어두움을 사랑하고 또 어두움 일들을 즐겨 행하였습니다. 그들의 영혼에는 흑암이 깃들여 있었습니다. 그러므로 그들의 눈앞에 펼쳐진 이 놀라운 흑암은 바로 그들의 영적인 상태를 육신의 눈으로 뚜렷히 감지할 수 있도록 베풀어 주신 교훈이었습니다. 그러나 죄인들은 자신들의 죄 때문에 빚어진 영적인 어두움들을 하나님께서 직접 눈으로 보고도 깨닫지 못하였습니다. 그러므로 능력 있는 십자가는 더 고독하고 외로웠습니다.

이 십자가는 오늘날에도 예수 그리스도를 믿는 우리들 때문에 더 외롭습니다. 하나님께서 사랑하는 독생하신 아들의 죽음이라는 획기적인 사건을 통하여 인류의 구원을 완성해 놓으셨고 인간과 화해할 수 있는 길을 열어 놓으셨건만, 많은 성도들이 이 놀라운 일들을 숭요하게 생각도 않고, 또 스스로 더 경험하려고 하지도 않으며 세상에도 알리지 않기 때문에 그렇습니다. 세상에 알리지 않는 한, 세상은 이 십자가에 주목하지 않습니다. 우리 때문에 죽으셨던 예수님께 주목하지 않습니다. 십자가 위에서 "나의 하나님, 나의 하나님, 어찌하여 나를 버리시나이까?"라는 절규가 바로 나의 죄악 때문인 것을 알지 못합니다. 그렇기에 외롭습니다. 이제 십자가를 바라보며 우리의 입을 열어야 할 때입니다. 아직도 어두운 세상을 향하여 말입니다. 그렇게 되어 질 때 십자가는 더 이상 외롭지 않을 것입니다.

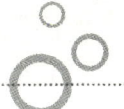

1. 능력의 십자가가 외로운 이유는 무엇인가요? 무엇이 십자가를 외롭게 만들고 있나요?

2. 예수께서 십자가 위에서 죽으실 때 깃들여졌던 어둠의 의미는 무엇입니까? 어두움과 십자가의 외로움의 관계를 생각해 보세요.

3. 십자가가 외롭게 보이지 않도록 하기위하여 우리는 어떠한 노력을 해야 할까요?

2 – 6 “주님의 보혈로 보호막이 쳐져 있는 개인과 가정”

근래에 제가 많이 묵상하였던 주제가 주님의 보혈이었습니다. 그러고는 스스로 물어보았습니다. 어떠한 사람, 어떠한 가정이 절대적인 주님의 보호를 받을 수 있을까? 여기에 대한 답변으로 제가 찾은 내용 중에 하나를 말씀드리고 싶습니다. 그것은 출애굽기 12장에 나오는 이야기입니다. 출애굽기 12장에 보면 유월절 제정에 관한 이야기들이 나오고 있습니다. 그 이야기 가운데 핵심 된 내용은 일 년 된 숫양을 잡아서 그 피를 문 좌우 설주와 인방에 바르라는 것이었습니다. 그러면 하나님의 심판을 집행하는 천사들이 그 집에 바른 피를 보고 넘어간다는 내용입니다. 하나님의 재앙, 하나님의 심판을 피할 수 있다는 것입니다. 바로 이것이 영어로 Pass Over, 즉 “넘어가다”는 뜻의 유월절이 되었습니다. 결국은 양의 죽음과 그 죽음의 상징인 피가 한 가정에 임할 재앙을 피하게 한다는 내용입니다. 그래서 이스라엘 사람들은 유월절이라는 절기를 가장 중요한 절기로 지켜지고 있습니다. 왜냐하면 그 절기가 없었다면, 자신들을 대신해서 죽은 어린 양의 피가 없었다면 그들 역시도 애굽 사람들처럼 하나님의 심판을 받아 죽어 없어지게 되었을 것이기 때문입니다.

그런데 이 이야기는 이스라엘을 한번 구원하시기 위하여 하나님께서 제정해 주신 절기로 끝나는 사건이 아닙니다. 이 이야기는 신약으로 와서 예수 그리스도께서 유월절 어린양의 표상이 되시어 우리의 모든 죄를 위해 죽어주시는 사건으로 이어집니다. 유월절의 어린양이 애굽의 한 가정을 구하기 위하여 죽어 피 흘렸던 것처럼, 예수 그리스도께서는 온 세상을 구원하시기 위하여 피 흘려 죽어주셨습니다. 유월절에는 단지 구속의 범위가 한 가정에 국한 되었지만, 예수 그리스도로 와서는 온 인류로 넓어졌다는 것이 차이입니다.

그렇다면 오늘날 우리 가정은, 그리고 우리 각자는 어떻게 주님의 보호를 받고 주님의 지켜주심을 경험할 수 있을까요? 여러 가지 방법이 있을 수 있겠지만, 구약의 유월절을 묵상하면서, 제가 제시하고 싶은 한 가지는, 예수 그리스도께서 흘려주신 보혈로 우리 가정과 자신을 덮을 수 있어야 한다고 생각합니다. 예수의 보혈로 덮여진 가정과 개인은 어떠한 악한 세력도, 그리고 재앙도, 그리고 어려움도 감히 근접치 못합니다. 심지어는 죽음까지도 말입니다. 구약의 유월절 날 어린양의 피로 덮은 집안에 있는 어떠한 식구도 죽음이 감히 건드리지 못한 것처럼 말입니다. 오늘날에도 예수 그리스도의 보혈로 덮여져 있는 가정과 그 구성원들, 또한 개인은 하나님께서 지키십니다. 그리고 보호하십니다. 이것이 출애굽기 12장에 오늘날 우리 성도들에게 말씀해 주고 있는 핵심이라고 생각합니다.

이것은 또한 예수님의 보혈이 가지고 있는 많은 능력 중에 하나라고 할 수 있습니다. 죽음과 어둠의 세력, 그리고 어떠한 것들도 건들지 못하고 넘보지 못하도록 만드는 능력이 주님의 보혈 안에 있다는 것입니다.

우리가 흔히 기도할 때, 주님의 보혈로 죄 씻음을 위해 기도하기는 하지만, 그 보혈로 어떻게 나를 지키고 보호하며 가정을 지키고 보호하고 교회와 국가를 지키고 보호할 수 있는지에 관해서는 잘 알지 못하는 것이 사실입니다. 그래서 저는 요즈음 계속 기도합니다. "주님! 주님의 보혈로 저를 덮어 주시고, 또 저희 가정을 덮어 주시며 그 보혈에 푹 잠기게 하시어, 어떠한 세력도 근접치 못하도록 막아주시고 보호하여 주세요." 사랑하는 여러분! 여러분의 가정과 개개인도 주님의 보혈로 덮여 주님의 보호하심을 경험하며 살아가는 가정과 개인이 되시기를 바랍니다. 그리스도의 피로 덮여져 있는 가정! 그리스도의 피로 잠겨 있는 성도! 그래서 어떠한 세력과 어떠한 악한 것도 넘보지 못하는 가정과 개인! 그렇게 되기 위하여 기도하고 힘쓸 수 있기 기원합니다.

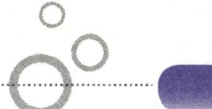

1. 유월절의 의미를 죽음의 세력으로부터의 보호라는 차원에서 생각해 보세요. 왜 죽음의 세력이 양의 피를 바른 집을 덮치지 못했을까요?

2. 나와 내 가정과 교회, 국가가 주님의 보호하심을 경험할 수 있는 방법을 예수님의 보혈과 관련지어 생각해 보세요. 예수님의 보혈을 어떻게 의지하면 될까요?

3. 보혈로 덮여 있다는 것은 무엇을 의미하는 것일까요?

2 – 7 "마르지 않는 샘물처럼"

　몇 년 전 저는 제가 훈련시키고 있는 기노스코 학생들과 함께 중국을 다녀왔습니다. 동북삼성지역의 조선족들을 중심으로 돌며 집회를 인도하기도 하였고 또한 그 땅을 향하여 하나님께서 가지고 계신 계획과 비전을 품고 돌아왔습니다. 그런데 가장 인상 깊었던 사실은 백두산을 등반할 때였습니다. 저희는 백두산 천지호수가 흘러내려 폭포를 이루고 있는 비룡폭포를 끼고 천지까지 한 시간 가량 등반을 하였습니다. 중국이라는 나라가 너무 막강한 나라여서 만리장성까지 쌓은 나라였기에, 백두산에도 거의 비룡폭포까지 도로를 놓아서 약 1시간 가량만 걸어 올라가면 천지에 닿을 수 있도록 해 놓았습니다. 물론 차량으로 거의 정상까지 갈 수 있도록 다른 통로도 뚫어 놓았구요.

　그런데 백두산 천지를 오르며 감명 깊었던 것은 2,000미터가 훨씬 넘는 산꼭대기에 너무도 넓은 호수가 있다는 것이고, 그 호수가 흘러넘쳐 비룡폭포를 만들어 졌기에 날마다 그 천지에 있는 물이 아래로 흘러내리지만 천지호수가 메마르지 않는다는 것입니다. 여러분 한 번 생각해 보세요. 산꼭대기에 있는 호수의 물이 흘러내려 폭포라는 절경을 만들어 놓았지만, 그렇게 많은 물이 흘러 내려도 아직까지 천지에 있는 물이 메말라 본적이 없다는 것입니다. 그 물들은 어디서 생겨나는 것일까요. 다른 곳에서 흘러내려 올 수도 없는데 말입니다. 나중에 이야기를 들어보니 백두산 천지연못에서 날마다 비룡폭포로 흘러내려가는 물의 양만큼 물이 솟아난다고 하는 것입니다. 참으로 하나님의 솜씨가 놀라웠습니다. 사람들은 비룡폭포만을 보고도 감탄을 하는데 그 많은 양의 물을 날마다 솟아내며 천지호수의 모습과 위엄을 지키고 있는 백두산의 천지를 보고는 온몸에 전율을 느끼지 않을 수 없었습니다. 저절로 "주님의 높고 위대하심을 내 영혼이 찬양하네" 라는 찬양이 울려 나왔습니다.

저는 천지 연못에서 솟아나는 물에 대한 이야기와 실제를 확인해 보면서 우리 주님께로부터 솟아나는 마르지 않는 샘물이 깊게 묵상되어졌습니다. 우리 주님은 사마리아 여인을 만나셔서 "나는 영원토록 솟아나는 생수"라고 말씀하셨습니다. 물이 절박하였던 그 여인에게 마르지 않는 샘물이 얼마나 기쁜 소식이었을까요? 어떻게 그 마르지 않는 샘물을 얻을 수 있을까요? 도대체 마르지 않는 샘물이 가능한 것이기는 한 것일까요? 왜 예수님은 그러한 비유를 사용하셨을까요? 여기에 대한 답은 예수님께서 십자가에서 못 박혀 죽으시며 흘려주신 보혈에서 해답을 찾을 수 있습니다. 사마리아 여인에게 마르지 않는 생수를 주실 수 있다고 하신 예수님은 실제로 당신이 십자가 위에서 죽으시며 고귀한 보혈을 흘려주심으로 이 땅에 있는 모든 사람들이 죽음에서 해방되어 살아날 수 있도록 해 주셨습니다. 십자가 위에서 흘리신 보혈이 사람을 살리는 생수의 근원이 되신 것입니다.

실제로 사람에게 있는 목마름은 갈증이 원인이 되어 문제가 되는 것은 아닙니다. 어느 것에도 만족하지 못하고 충족하지 못하는 삶을 살아가는 인간의 한계 있는 삶이 문제가 되지요. 그러므로 목마름만 채운다고 인생의 갈증이 해결되는 일은 아닙니다. 예수님은 그 부분을 보신 것입니다. 그래서 한계 있는 인간, 어느 것에도 만족하지 못하는 인간, 늘 삶을 생존하기 위해 고군분투해야 하는 가련한 인간을 구하시고자 십자가에서 죽으시고 보혈을 흘려주신 것입니다. 예수님의 보혈은 그분이 우리를 위해서 죽으셨다는 상징의 표현이고, 또 한편으로는 그 피로 우리의 죄를 사하셔서 우리의 한계를 뛰어넘어 창조의 질서대로 회복케 하시어 인생의 갈증을 푸셨기에 인생의 문제를 해결하는 생수가 되셨다는 의미를 내포하고도 있습니다. 그러므로 누구든지 예수께로 나오면 인생의 갈증이 해결되어집니다. 언제든지 문제를 가지고 나와도 해결됩니다. 그분의 보혈은 십자가 앞에 나오는 누구에게나 베풀어주시는 은혜이기 때문입니다. 그래서 예수님의 보혈이 마르지 않는 샘이 된 것입니다.

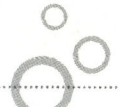

1. 예수님이 사마리아 여인에게 마르지 않는 생수를 주신다는 의미는 무엇을 말하는 것이었을까요?

2. 예수님은 어떻게 해서 우리에게 마르지 않는 샘물이 되셨나요? 생각해 봅시다.

3. 예수님의 보혈은 어떻게 우리에게 마르지 않는 샘이 될 수 있나요?

2 – 8 "하나님과 화평을 누리고 있습니까?"

구원받은 하나님의 자녀들이 이 땅을 살아가면서 반드시 누려야 할 삶이 있습니다. 그것은 하나님과의 평화스러운 관계입니다. 왜냐하면 구원을 받았다고 하는 것은 지금까지 지어온 죄에서 용서받아 하나님과 화목하게 되었다는 것을 확증하는 것이기 때문입니다. 그런데 그리스도인들 가운데 많은 사람들이 구원은 받았지만 하나님과의 평화를 누리지 못하고 과거의 죄와 상처와 아픔으로 돌아가 다시 정죄 받으며 힘들게 살아가고 있습니다. 그 이유가 무엇일까요? 분명히 성경은, "그러므로 그리스도 예수 안에 있는 자에게는 결코 정죄함이 없나니 이는 그리스도 예수 안에 있는 성령의 법이 죄와 사망의 법에서 너를 해방 하였느니라"(롬 8:1-2)라고 말하고 있습니다.

구원받은 하나님의 자녀들이 죄에 의해서 다시 정죄 당하고 하나님과의 화평을 누리지 못하는 이유 중에는 다음과 같은 것들이 있을 수 있습니다. 첫째, 하나님과의 화평을 해치는 것들이 있기 때문입니다. 그것은 죄책과 완벽주의입니다. 죄책이라는 것은 하나님의 보혈로 죄 용서함을 받았지만 "내가 지은 죄는 용서 받을 수 없는 것이야! 설령 용서 받는다고 해도 그 대가를 톡톡히 치러야 돼!"라고 생각하는 것이지요. 또한 완벽주의는 구원 받은 후 자기 안에서 노출되는 옛 자아의 추태를 보지 못하여 침체되는 경우입니다. 이러한 두 가지의 요소는 우리로 하여금 하나님께서 이뤄놓으신 화평을 해치는 결정적인 요소입니다. 둘째, 과거를 자꾸 말함으로 죄의 고통에서 벗어나지 못하여 하나님과의 화평을 누리지 못하는 경우가 있습니다. 이미 구원받고 죄용서 받은 우리들은 더 이상 하나님이 용서하신 과거를 말하여 자랑하거나 회자되지 않도록 해야 합니다. 과거를 다른 사람들에게 자꾸 이야기하는 순간 우리는 우리의 죄된 과거에 또 다시 파묻혀 버릴 수 있습니다. 우리의 연약함 때문입니다. 셋째는 반복적으로 짓는 죄 때문입니다.

그러면 어떻게 하나님께서 이뤄 놓으신 화평을 누릴 수 있을까요? 그것은 로마서 5장 1절에 나와 있듯이, "주 예수 그리스도"로 말미암아서입니다. 예수님의 십자가 사건과 부활 때문에 구원을 받은 우리들은 이제 날마다 그 예수 그리스도 앞으로 나아와 나의 부족함과 연약함을 내려놓아야 합니다. 그리고 반복적으로 짓는 죄들에 대해서도 아파하고 주님 앞에 내려놓아야 합니다. 우리가 품고 있어서 해결될 문제는 없습니다. 예수 그리스도 앞에 내려놓기만 한다면 그분은 우리를 품으시사 당신께서 도구가 되셔서 완성하신 하나님과의 평화를 누릴 수 있도록 하실 것입니다. "주 예수 그리스도 앞으로!" 오직 이것만이 하나님과 화평할 수 있는 길입니다. 그 화평의 맛과 깊이가 얼마나 큰지 경험해 보고 싶지 않으신지요?

그렇다면 하나님과 화평을 경험한 사람들이 하나님 안에서 누리는 삶의 특징은 어떠할까요? 그것은 이 땅에서의 삶속에서 날마다 하나님의 구원을 경험하는 것입니다. 여기서 삶의 구원이란, 우리가 하나님의 자녀가 되었어도 공중권세 잡은 자들이 장악하고 있는 이 세상에서 주님이 부르시는 날까지 살아야 하기 때문에 많은 문제들과 어려움늘이 있을 수 있으나, 하나님과 화평을 누리는 자들은 매번 그 모든 어려움 속에서 그 문제들을 해결하시고 구원해 주시는 하나님을 경험할 수 있다는 것입니다. 할렐루야! 바울도 로마서에서 다음과 같이 기록하고 있습니다. "그러면 이제 우리가 그 피를 인하여 의롭다하심을 얻었은즉 더욱 그로 말미암아 진노하심에서 구원을 얻을 것이니 곧 우리가 원수 되었을 때에 그의 아들의 죽으심으로 말미암아 하나님으로 더불어 화목 되었은즉 화목 된 자로서는 더욱 그의 살으심으로 인하여 구원을 얻을 것 이니라"(롬 5:9-11). 독자여러분! 날마다 하나님과 화평을 누리며 삶 속에서 구원을 경험하는 우리가 됩시다!

1. 구원받은 우리가 하나님과 화평을 누려야 할 이유는 무엇인가요?

2. 구원을 받고도 하나님과 화평을 누리지 못하는 이유는 무엇인가요?

3. 하나님과 화평을 지속적으로 누릴 수 있는 방법에 대해서 생각해 보
   세요.

2 – 9 "다시 복음 앞에"

방학이 되면 학생들을 인솔하여 선교지를 방문하곤 합니다. 그것이 주님의 명령을 실천하는 하나의 방법이고, 또 세상을 향하신 주님의 비전을 볼 수 있는 기회이기 때문입니다. 그 중 기독교의 인구가 적고 복음화율이 현저하게 떨어지는 일본을 종종 방문하곤 하였습니다. 여러 번 일본을 방문하였기에 일본의 기독교와 교회에 대해서 많이 알고 있었지만, 한 번은 새로운 충격을 받고 돌아온 적이 있었습니다. 그것은 일본의 교회에서 복음이 사라지고 있다는 판단이 섰기 때문입니다.

저희 팀이 방문한 한국인 선교사님들은 저희에게 말씀하시기를, 한결같이 일본에서는 복음만을 전하여 영혼들을 구원할 수 없다는 것이었습니다. 맞는 말입니다. 일본이라는 나라의 문화와 정서를 알아야 하고 그것에 걸맞게 복음을 전해야 하지요. 분명히 일본이라는 나라에 맞는 복음의 포장지가 필요합니다. 그러나 선교사님들이(물론 모든 선교사님들이 그러한 것은 아닙니다만, 일본선교협의회 소속 몇몇 선교사님들이 그렇게 결론을 내었다고 하네요) 일본이라는 나라에 걸 맞는 복음의 포장지를 만들려고 하지는 않고, 복음 전하는 일을 포기한 채, 당장 그들의 필요에 맞는 축귀사역과 은사사역, 그리고 신유사역에 중심을 둔 중보기도사역에 중점을 두고, 일본선교의 결론은 중보기도라고 이야기를 모았다고 합니다.

너무 마음이 아팠습니다. 중보기도사역이 중요하지 않은 것은 아닙니다. 너무 필요하고 중요하지요. 그런데 문제는 복음을 제쳐둔 채, 그 사역에만 집중하기에 이단성이 있는 많은 일들이 벌어지고 있다는 것입니다.

예를 들자면, 기도를 할 때 올리브 기름을 바른다든지, 유향과 몰약을 뿌리며 기도해야 귀신들이 잘 도망가고 그 땅이 썩지 않는 거룩한 땅이 된다는 것들입니다. 실제로 저희가 방문한 일본의 한 교회에서는 선교사님이 저희 팀원들에게 예수보다는 올리브 기름의 효능을 너무 리얼하게 설명하시기도 하였습니다. 올리브 기름을 뿌리고 바르며 기도한 곳의 지역에 귀신이 떠나가고, 무당이 무너지는 것을 너무 많이 목격한다는 것입니다. 그것이 그분의 설명의 모든 것이었다고 해도 과언이 아니었습니다. 저는 너무 마음이 아팠습니다. 너무 똑똑한 목사였는데... 너무 복음에 훈련된 선교사였는데... 일본이라는 나라에서 너무 힘들다보니 그렇게 사역을 하시더라구요. 예수가 올리브유와 유향, 몰약으로 대체되는 것처럼 보여 졌습니다. 그래서 주제 넘는 이야기인줄은 알지만, 그 선교사님과 복음의 중요성을 다시 나누고, 복음 앞으로 다시 돌아올 것을 부탁드렸습니다. 그 선교사님은 인정하고 긍정은 하시더라구요. 그러나 그 교회를 떠나는데 눈물이 너무 나왔습니다. 조금 늦더라도, 그리고 열매가 눈에 보이지 않더라도 교회가 복음을 가지고 세상과 승부를 걸어야지! 만약 교회가 복음을 포기한다면 왜 교회로 남아 있어야 합니까? 세상은 날로 바뀌지만 복음은 능력이 있어 그 바뀌는 세상을 하나님이 원하시는 세상으로 바꾸어 놓을 수 있고, 그러한 복음의 능력을 나타내어야 하는 곳이 교회이지 않습니까?

이러한 일을 경험한 후, 요즈음 성령께서 강력하게 주시는 마음이 있습니다. 그것은 다시 십자가, 그 복음 앞에 사람들을 세우라는 것입니다. 저 역시 다시 무뎌진 복음의 칼을 갈아야 한나는 것입니다. 많은 사람들이 힘들고 어렵다고 느끼기에, 포기하고 가려하지 않는 그 십자가의 길을 갈 수 있도록 독려해야 한다는 것입니다. 십자가 없이는 교회가 세상을 향하여 힘과 능력을 잃어버립니다. 교회가 많은 비난을 받는 주된 이유도 여기에 있습니다. 사랑하는 독자 여러분! 십자가 안에 하나님의 비밀이 담겨져 있습니다. 십자가 안에 능력과 권세가 있습니다. 온전히 십자가를 지고 죽을 수만 있다면 부활이라는 선물은 자동적으로 얻어지는 것입니다. 다시 십자가 앞으로! 그 복음 앞으로 나아갑시다. 아래의 가사는 요즈음 많이 불려지고 있는 '다시 복음 앞에' 라는 찬양의 가사입니다. 묵상해 보세요.

많은 이들 말하고 많은 이들 노래는 하지만
정작 가진 않는 길 두려운 생각보다 많이 힘들고 힘한 길보단
그저 말로만 가려기에
점점 멀어져만 가네 내게 생명 주었던 그 길
점점 이용하려하네 내게 사랑 주었던 그 길
다시 복음 앞에 내 영혼 서네
주님 만난 그 때
나 다시 돌아가 주님께 예배드리며
다시 십자가의 길 걸으리

1. 십자가의 복음과 중보기도와의 상관관계에 대해서 생각해 보세요.
   어떻게 관계를 설정해야 할까요?

2. 복음의 내용을 효율적으로 전달하기 위한 복음의 포장지는 어떠한
   것이 되어야 할까요? 둘과의 관계는 어떻게 설정할 수 있을까요?

3. 십자가의 복음이 없이도 능력이 나타날 수 있나요? 그 현상을 어떻
   게 설명할 수 있을까요?

4. 십자가의 길을 걷는다는 것이 왜 어려운 일일까요? 선교지의 경우를
   예를 들어 생각해 봅시다.

A deeper contemplation about the Gospel

"복음전도"에 관한 보다 깊은 묵상(1)

- 하나님의 마음에 관하여 -

3 − 1 "잃어버린 영혼을 향한 눈물"

　오래 전, 저는 구세군 경북지방 연합집회를 인도하고 돌아왔었습니다. 대구에 있는 명덕 구세군 교회에서 집회가 있었습니다. 구세군교회라서 조금은 생소한 점이 있었지만 다른 어떠한 교회와 다를 바가 없었습니다. 오히려 외적인 모습은 더 무장된 하나님의 군사와 같다는 인상을 받았습니다. 다만 다른 교단의 교회들보다 사회사업을 더 주력해서 하는 모습이 특이하게 보였습니다. 제가 집회를 갔던 교회 바로 옆에도 구세군에서 운영하는 어린이 보호시설이라 명칭 붙여진 고아원이 있었습니다. 집회를 들어가기 전 구세군의 목사님 격 되시는 사관님이 고아원을 둘러보고 가자고 하셔서 둘러보게 되었습니다. 너무 깨끗한 시설들, 그리고 정돈된 집기들, 그리고 훌륭한 환경과 여건들을 둘러보면서 우리가 살고 있는 집보다 낫다고 생각했습니다. 비록 부모님이 계시지 않지만, 이곳에서 생활하는 아이들과 청소년들이 행복할 것이란 생각이 들었습니다.

그런데 그곳을 나서다 갑자기 그곳에서 TV를 보던 초등학교 1학년 아이와 마주치게 되었습니다. 반갑게 인사하며 우리에게 다가왔지만 나는 그 아이를 보는 순간 울컥거리는 마음을 억누를 수 없었습니다. 우리 막내 아이도 초등학교 1학년인데... 그 순간 저는 예전에 하나님께서 일깨워 주셨던 잃어버린 영혼에 대한 안타까운 마음이 떠올랐습니다. 마냥 부모의 사랑을 받으며 살아가야 할 아이, 부모에게 가끔은 생떼도 부리며 어리광을 피워야 할 아이가 의젓하게 앉아 있는 모습이 제게는 왜 그리 눈물이 났는지 모릅니다. 그곳에서 울 수가 없어서 밖으로 나와서 조용히 눈물을 흘렸습니다. 그러나 계속하여 흐르는 눈물 때문에 눈이 퉁퉁 부어오르는 것을 느꼈습니다. 이제 집회가 시작되는데...

그 아이가 불쌍해서 흘린 눈물은 절대로 아니었습니다. 오히려 그곳에 있는 아이들은 더 나은 환경에서 더 좋은 교육을 받으며 자라고 있었습니다. 실제로 저는 딸들이 피아노와 악기를 배우고 싶다고 해도 교육비가 없어서 학원에도 보내지 못하고 지낸 적도 있었는데 그 아이들은 의무적으로 학원에 다니며 악기를 배우는 특혜를 가지고 살아가고 있었습니다. 그렇기에 제가 흘린 눈물은 잃어버린 영혼에 대한 하나님의 마음 때문이었습니다. 하나님이 이 세상을 바라보실 때 아마도 저와 같은 눈물을 흘리고 계실 것이라고 생각했습니다. 비록 환경이 좋은 곳에서, 여건은 안락한 곳에서 좋은 음식과 좋은 교육을 받으며 살아간다고 할지라도, 부모 없이 살아가는 아이의 모습이 오늘날 하나님 없이 살아가는 이 땅의 사람들과 무엇이 다르겠습니까? 의지할 대상 없이, 마음속에 최후의 보루로 남겨둘만한 존재 없이 마음속의 눈물을 머금은 채 살아가는 그들이 하나님 없이 살아가는 이 땅의 사람들의 모습이라고 강하게 느껴져 왔습니다.

하나님께서는 이미 오래 전에 저에게 잃어버린 영혼에 대한 하나님의 마음을 깨닫게 해 주셨는데, 저는 잊어버리고 살아왔는지 모릅니다. 아니, 잊지는 않았다고 할지라도 그 영혼들 때문에 이렇게 계속하여 울지는 않았었습니다. 그런데 이곳에서 그 마음을 회복시켜 주셨습니다. 여러분! 하나님은 지금도 잃어버린 영혼들 때문에 아파하시고 울고 계십니다. 아무리 좋은 환경과 좋은 여건 속에서 남부러울 것이 없이 산다고 할지라도 아버지를 떠난 그들을 향해 눈물을 흘리고 계십니다. 하나님 아버지의 그 눈물에, 그 아픔에 동참하고 싶지 않으십니까? 아버지의 손과 발이 되어 그들을 향해 달려가지 않으시렵니까? 하나님의 입술이 되어서 잃어버린 영혼들에게 기쁜 소식을 전해주시지 않으시렵니까?

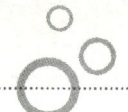

1. 좋은 환경에서 좋은 것을 누리고 사는 사람이지만 하나님을 알지 못 한다면 왜 그들은 하나님의 눈물의 대상이 될까요?

2. 하나님은 당신을 알지도 못하고 섬기지도 않는 영혼들을 왜 사랑하 시는 것일까요? 어떤 특별한 관계가 있습니까?

3. 아버지의 마음으로 잃어버린 영혼을 향한 눈물을 흘려본 적이 있습 니까? 최근에 언제 흘려보셨습니까?

4. 아버지의 마음을 가지고 신앙생활을 하며 살아가는 것이 왜 중요할 까요? 어떻게 하면 그렇게 살아갈 수 있을까요? 생각해 봅시다.

3 – 2 "아버지의 마음"

　얼마 전 서울의료원에 전도를 나갔다가 잊어가던 하나님 아버지의 마음을 다시 진하게 느끼는 시간이 있었습니다. 한 병실을 찾았는데 그 병실에서 만난 한 아버지는 아들의 사고로 거의 1년 동안을 병실을 지키던 사람이었습니다. 1년 동안 병실을 아내와 함께 지키다보니 가정생활이라는 것은 거의 없어져 버리고 병원생활이 새롭게 자신의 생활로 자리 잡게 되었습니다. 아시다시피 병원생활이라는 것은 너무 힘들고 고달픈 생활이었습니다. 무엇보다도 잠자리가 불편하였고 또 먹는 음식도 제대로 먹을 수 없는 상황이었습니다. 마음대로 씻지도 못하고... 또 마음껏 자지도 못하고... 부부간의 정감 있는 대화도 잊혀진지 오래되었고... 더 이상 어떠한 것도 할 수 없는 불편한 상황이었습니다. 이대로 오래가다가는 오히려 병간호를 하던 부모들이 환자가 될 지경이었습니다. 그런데 아들을 간호하는 아버지에게는 아직까지 아들에 대한 따스한 사랑이 남아 있었습니다.

　제가 아버지의 어려운 병 바라지 상황을 듣고 위로하며 말을 건네자, 그 아버지는 힘들기는 하지만 소망을 가지고 이 시간들을 이겨 낸다고 하였습니다. 그것은 아들이 일어나는 기적이었습니다. 그 아들은 인쇄소에서 일을 하다가 실수로 머리가 프레스에 들어가 눌려 뇌가 15%만 살아 있는 거의 뇌사상태와 같은 사람이었습니다. 다만 눈만 껌벅거리고, 가끔 눈물만 보일뿐 움직일 수도 없고 말도 할 수 없는 사람이었습니다. 그러나 아버지는 그 아들이 다시 일어날 기적을 가지고 사랑으로 1년간을 간호해 왔던 것입니다. 그 숭고한 아버지의 사랑과 노력에 절로 머리가 숙여질 정도였습니다. 아! 아버지라는 존재가 바로 이러한 존재구나! 다시한 번 느껴지는 시간이었습니다.

저는 같이 전도를 나갔던 조은민 전도사님에게 그분께 꼭 복음을 전하게 하여 그 분을 향한 하나님 아버지의 마음을 전해드리고 싶었습니다. 그 하나님 아버지의 마음을 경험할 수 있다면, 그리고 그 하나님 아버지의 사랑을 받아들일 수 있다면, 아들을 향한 병간호도 한층 쉬워지고 하나님 아버지가 주시는 소망 안에서 하나님이 행하시는 일을 기대할 수 있으니까요. 제가 직접 전하지 않고 조은민 전도사님에게 부탁을 한 것은, 그분 역시 훌륭한 전도자이며 더 위대한 전도자로 훈련하는 단계에 있었기 때문에 부탁을 드렸습니다. 그리고 저와 같이 갔던 몇몇 동료들은 지속적으로 중보기도를 하였습니다. 그런데 그분이 순수하게 복음을 들으신 후 예수님을 자신의 삶의 구주와 주님으로 모셔 들이셨습니다. 이제는 하나님의 자녀가 된 것입니다. 그리고는 그분께 말씀드렸습니다. 아버님께서 아들에게 하시는 이 사랑보다 더 큰 사랑으로 하나님이 당신을 사랑하고 있다는 것을요. 그러니 당신을 사랑하시는 하나님 아버지께 아들의 쾌유를 구하며 나가라고...

마지막으로 병실에 누워 있는 아들에게 다가가 비록 반응은 하지 못하지만 복음을 듣고 마음으로 반응할 수 있기를 바라며 짧게 복음을 전한 후 기도해 주었습니다. 그리고는 그 아버지의 눈에 맺혀 있는 눈물, 조금씩 흐르는 눈물을 보았습니다. 돌아오면서 생각하였습니다. 15%만 뇌가 살아있는 아들을 위해서 저렇게 헌신할 수 있다니... 그리고 언제 일어날지 모르는 기적을 바라며 헌신하는 모습... 그런데 하늘에 계신 우리 아버지는 더 큰 사랑을 가지고 우리를 사랑하고 계시니, 그 사랑을 감히 측량해 볼 수 있는 시간이 되었습니다. 여러분! 우리 역시 우리를 향하신 아버지의 마음과 사랑을 바라보며 그 사랑을 경험하고 느끼며 감격스럽게 하루하루 살아갈 수 있었으면 합니다.

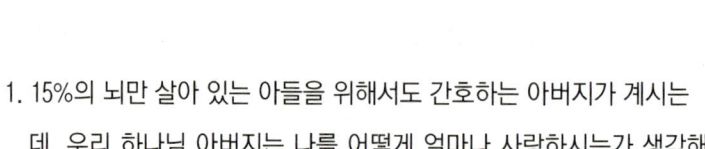

1. 15%의 뇌만 살아 있는 아들을 위해서도 간호하는 아버지가 계시는
   데, 우리 하나님 아버지는 나를 어떻게 얼마나 사랑하시는가 생각해
   봅시다. 나는 얼마나 죽은 사람입니까?

2. 왜 아버지는 자식을 사랑할까요? 하나님은 우리를 왜 사랑하실까
   요?

3. 예수님을 영접하고 하나님의 사랑을 깨닫게 된 것이 아들을 간호하
   고 살아가는데 어떠한 도움이 될까요? 우리 전도자들이 세상을 섬기
   기 위해서 최선을 다해 할 수 있는 일이 무엇입니까?

3 – 3 "또 하나의 열매를 바라시며"

가을은 참 좋은 계절입니다. 그러나 가을이라는 계절은 겨울을 준비하며 모든 것을 마무리하고 낙엽을 떨어뜨리는 계절이라서 싫어하시는 분들도 많이 계시더라구요. 하지만 높고 높은 가을하늘, 그리고 좋은 날씨만을 놓고 보자면 싫어하기는 힘든 계절이지요. 저는 이 좋은 계절, 가을만 돌아오면 생각나는 시간이 있습니다. 그것은 2003년 가을, 모든 가족들이 인도에서 1년 동안 선교경험을 끝내고 돌아온 시간이었습니다.

인도에서 고생을 하고 9월 한국에 돌아오니 인도에서는 경험할 수 없었던 너무나도 신선하고 좋은 한국의 가을 날씨에 참 감사했습니다. 인도에 있을 때는 항상 더웠었거든요. 그런데 한국에 돌아오니 가을이 너무 좋은 거예요. 이곳을 가도 저곳을 가도 좋은 날씨를 주신 하나님께 감사할 뿐이었습니다. 그래서인지 한국에 돌아와 저녁때가 되면 창문을 열고 들어오는, 조금은 선선하지만 그 공기를 마시며 묵상에 잠기는 것이 일상이 되어버렸습니다. 그 선선한 공기를 쐬는 것 자체가 감사였기 때문입니다. 하루는 그렇게 창문을 열어 놓고 선선한 공기 속에서 묵상을 하고 있는데, 극동방송에서 찬양이 흘러나오고 있었습니다.

"감사해요 깨닫지 못했었는데 내가 얼마나 소중한 존재라는 걸, 태초부터 지

금까지 하나님의 사랑은 항상 날 향하고 있었다는 것을, 고마워요 그 사랑을
가르쳐준 당신께! 주께서 허락하신 당신께, 그리스도의 사랑으로 더욱 섬기며
나로 세상에 전하리라.

당신은 사랑받기 위해, 그리고 그 사랑 전하기 위해, 주께서 택하시고 이 땅
에 심으셨네. 또 하나의 열매를 바라시며"

그런데 이 찬양을 들으며 저도 모르게 눈물이 주르르 흐르고 있었습
니다. 정말로 하나님은 제가 하나님께 얼마나 소중한 존재라는 것을 깨닫
게 해주시고 계셨으니까요. 인도에 있을 동안 힘들고 어려운 시간들이 있
었지만, 하나님의 임재가 있었기에 모든 가족들이 기쁨과 소망가운데 살
수 있었고, 또 하나님을 더 깊게 경험할 수 있는 시간이 되었었거든요. 그
리고 그 더운 곳에서도 복음을 전하여 예수 그리스도의 제자를 만드는 일
들을 해왔는데, 이곳! 언어가 자유롭고, 또 날씨도 너무 좋은 이곳에서 주
의 일을 한다고 하는 것이 얼마나 축복인 것을 새삼 경험하고 있던 시간
이었습니다. 그냥 주님의 이름만 불러도 눈물이 주르르 흐르는 감사가 제
게 있었어요. 이렇게 좋은 곳에 내가 하나님과 함께 교통하며 존재하고
있다는 자체가 저에게는 너무나 큰 은혜였기 때문입니다.

그런데 하나님께서는 그러한 저에게 찬양의 가사를 통하여, 이 모든
환경과 여건이 나만을 위함이 아닌 것을 가르쳐 주셨습니다. 물론 하나님
은 나를 사랑하시지만, 이 세상에 근심과 걱정을 짊어지고 가는 모든 사
람들에게 저와 같은 은혜를 경험케 하시기를 원하시기 때문이지요. 주님
만 묵상하면 눈물이 주르르 흐르던 그 가을! 아무런 이유 없이도 주님만

묵상하면 주님의 은혜가 물밀듯이 밀려 오는듯한 경험을 한 그 가을! 올해도 그 가을을 경험하고 싶습니다. 높은 하늘을 보아도, 그리고 하늘을 나는 고추잠자리를 보아도, 그리고 넓은 들판을 보아도, 쌓여있는 볏짚을 보아도, 주님 때문에 눈물을 흘릴 수 있는 감격의 시간! 그때 주님이 주시는 말씀은 제 삶의 지표가 되었지요! "또 하나의 열매를 위하여!"

사랑하는 여러분! 하나님은 당신을 사랑하십니다. 이 가을! 우리를 사랑하시는 하나님의 사랑에 듬뿍 빠져보고 싶지 않으십니까? 그리고 그분의 소리에 귀 기울여 보고 싶지 않으십니까? 그분은 이 가을에, 하나님 때문에 감격하고 기뻐하는 나에게 나와 같은 "또 다른 열매"를 기대하고 계신다고 말씀해 주실 것입니다. "또 하나의 열매를 바라시며"

1. 주위의 자연 환경 등 여러 주어진 여건들이 너무 감사해서 마냥 울며 감사하다고 고백해 본 경험이 있습니까?

2. 나는 주로 어느 때에 하나님께서 나를 너무 사랑하신다는 것을 깊게 느끼곤 합니까?

3. 하나님께 감사해서 그 감사를 고백했는데, 하나님께서는 내가 생각하지도 못하였던 다른 영혼이나 다른 내가 관심 갖지 못하였던 다른 일로 관심을 갖게 하신 적이 있습니까?

3 - 4 "돌감람나무와 참 감람나무"

바울은 위대한 전도자였습니다. 특별히 이방을 위해서 선택함을 받은 사도였습니다. 그래서 그는 다메섹에서 예수님을 만난 이후로 평생을 이방선교를 위해서 헌신하다가 이 세상을 떠났습니다. 그러나 바울의 마음만큼은 구원자이신 예수 그리스도를 메시아로 알아보지 못하는 동족 이스라엘을 향하여 뜨겁게 달아올라 있었습니다. 그는 진정한 전도자였기 때문입니다. 전도자는 영혼을 사랑하는 사람입니다. 그리고 그 영혼을 사랑하는 마음을 가지고 영혼을 찾아가 복음의 기쁜 소식을 전하는 자입니다. 그러므로 바울이 이방을 위한 전도자로 세움을 입었다고 해서 이방 영혼들만 사랑하지는 않았습니다. 하나님께서 그 시대의 상황과 환경, 그리고 여러 가지 정황들 때문에 가장 효율적으로, 그리고 복음에 대한 이방의 문을 여시기 위하여 바울을 사용하신 것뿐이었습니다. 바울도 그 사실을 알고 있었습니다.

바울은 이방인들을 전도하면서 그 속에서 역사하시는 하나님의 놀라운 일들을 보았습니다. 그리고 그들이 기쁨으로 주님께 돌아와 회복되며 하나님 나라의 큰 일군으로 사용되는 것도 경험하였습니다. 하지만, 그러면 그럴수록 더 애틋하게 울컥거리는 마음이 있었습니다. 그것은 동족 이스라엘을 향한 사랑 때문이었습니다. 복음은 가장 사랑하는 사람부터, 그리고 가까운 사람들부터 전함이 순서입니다. 왜냐하면 가장 기쁜 소식을 가장 사랑하는 사람들에게 먼저 전하는 것은 인지상정(人之常情)이기 때문입니다. 그러나 이스라엘은 복음을 받아들이지 않았습니다. 오히려 복음을 전하는 바울을 핍박했습니다. 바울은 그것이 마음 아팠습니다. 영혼을 사랑하는 바울이었기에, 복음을 받아들이지 않는 이스라엘을 품고 많이 울었을 것입니다. 자신을 핍박하는 것이 미워서가 아니라, 하나님의 구원의 역사의 주체로 부름을 받았지만, 그렇게 쓰임을 받지 못하는 것 때문에, 그리고 멸망을 향해 달려가는 그들 때문에 울었을 것입니다.

실제로 바울은 로마서 9장부터 노골적으로 동족의 구원과 사랑을 표현합니다. 그리고 하나님께서는 이스라엘을 져버리지 않으셨다고 말합니다. 메시아를 알아보지 못하는 이스라엘까지도 사용하셔서 하나님은 구원을 확장시켜 가시고 계시다고 말하고 있습니다. 그 논지를 이어서, 로마서 11장에서는 중요한 한 가지 비유를 말하고 있습니다. 그것은 돌감람나무와 참 감람나무의 비유입니다. 참 감람나무는 이스라엘을 말합니다. 돌감람나무는 이방인을 말합니다. 그런데 돌감람나무가 참 감람나무에 접붙임이 되어 그 진액을 빨아 먹는 자가 되었다고 말합니다. 그리고는 참 감람나무도 잘못하면 찍힘을 받는데, 하물며 접붙임을 받은 돌감람나무는 어떻겠느냐고 말합니다.

사랑하는 여러분! 우리가 예수 믿고 구원 받은 것은 우리의 힘이 아닙니다. 이미 먼저 그 복음의 통로가 된 많은 사람들과 환경이 있습니다. 그리고 많은 가교의 역할을 감당했던 사람들이 있었기 때문에 가능했습니다. 그러나 비록 하나님의 구원에 가교의 역할을 감당했다고 할지라도 하나님을 똑바로 믿지 않으면 언제나 그 구원에 제외된 자로 서게 된다는 것을 성경은 말해 줍니다. 그러므로 바울은 우회적으로 우리에게 똑바로 예수 믿으라고 권고하고 있습니다. 나의 나 된 것은 하나님의 은혜이기 때문입니다. 참 감람나무에게도 이렇게 한다면, 돌감람나무에게는 어떻게 되겠느냐는 것이지요.

바울과 같이 내 나라, 내 민족을 품고 한 없이 울 수 있는 전도자가 되기를 원합니다. 그리고 바울의 경고를 마음에 깊이 새겨 둡시다. 돌 감람나무였던 내가 참 감람나무에 접붙임이 된 것은 하나님의 은혜라는 것을요! 그래서 항상 믿음으로 하나님을 바라보며 은혜를 구하려 합시다. 그 은혜에 젖어 있을 때 이스라엘과 같은 잘못을 범하지 않을 것이기 때문입니다. 오늘 내가 나 된 것은 하나님의 은혜입니다.

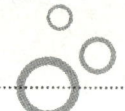

1. 진정한 전도자는 영혼을 향한 어떠한 마음을 가지고 있어야 할까요?

2. 전도자는 영혼을 편견 없이 대하는 자가 맞습니까? 여기에서 전도자
   의 어떠한 자세를 배울 수 있습니까?

3. 돌감람나무와 참 감람나무의 비유를 드는 바울에게서 하나님의 어떠
   한 마음을 읽을 수 있습니까?

4. 동족을 향한 바울의 눈물을 나도 흘려본 적이 있습니까?

5. 돌감람나무는 참 감람나무가 없으면 존재할 수 없습니다. 나는 신앙
   의 파트너로 이스라엘을 인정하고 있습니까? 이스라엘에 관한 사랑
   이 있습니까?

3 - 5 "절대로 포기하지 않으시는 하나님"

봄이 되면 여러 가지 새롭게 돋아나는 색들도 예쁘지만, 제법 봄의 향내도 가득하게 되지요. 봄의 새싹들은 사람이 형언할 수 없는 색상들로 들판을 물들이고 있지요. 저는 초록이라는 색이 한 가지 색이 아닌, 형언할 수 없는 가지각색으로 이루어져 있다는 것을 봄에 피어오르는 새싹들을 보고 알았습니다. 그래서 하나님이 만드신 자연을 보면 도저히 근접할 수 없는 하나님의 위엄이 보이기도 하고, 하나님의 신실하심을 찬양하게 됩니다. 어떠한 일이 있어도, 그리고 어떠한 상황에서도 그 약속한 시간과 계절이 되면 새싹이 돋고, 꽃이 피거든요. 그런데 성경을 보니 이스라엘을 향한, 그리고 우리를 향한 하나님의 마음도 동일하시고 변함이 없으시다는 것을 더 깊게 알게 되었습니다. 그 기본적인 마음은 사랑이고 포기하시지 않는 마음입니다.

구약 성경에 기록되어 있는 이스라엘을 보면, 그들은 하나님 앞에 지속적으로 신실함을 가지고 나가기보다는, 하나님을 져버리고 우상을 섬기며 하나님의 마음을 아프게 함으로 스스로 멸망의 길로 접어들곤 하였습니다. 그 결과 바벨론에 의해서 짓밟혀지고 포로로 잡혀가게 되었지요. 이러한 이스라엘의 멸망은, 어떻게 보자면, 당연한 결과인 것 같습니다. 그리고 하나님의 입장에서 본다고 할지라도, 그것은 그들의 죄의 대가였다고 말할 수 있습니다. 그러나 하나님은 이스라엘을 향하여 그렇게 말씀하지 않았습니다. 이사야 41장 8-13절을 보면 다음과 같이 되어 있습니다.

"그러나 나의 종 너 이스라엘아 나의 택한 야곱아 나의 벗 아브라함의 자손아 내가 땅 끝에서부터 너를 붙들며 땅 모퉁이에서부터 너를 부르고 네게 이르기를 너는 나의 종이라. 내가 너를 택하고 싫어 버리지 아니하였다 하였노라. 두려워 말라 내가 너와 함께 함이니라 놀라지 말라 나는 네 하나님이 됨이니라 내가 너를 굳세게 하리라 참으로 너를 도와 주리라 참으로 나의 의로운 오른손으로 너를 붙들리라. 보라 네게 노하던 자들이 수치와 욕을 당할 것이요 너와 다투는 자들이 아무 것도 아닌 것같이 될 것이며 멸망할 것이라. 네가 찾아도 너와 싸우던 자들을 만나지 못할 것이요 너를 치는 자들은 아무 것도 아닌 것같이 허무한 것같이 되리니 이는 나 여호와 너의 하나님이 네 오른손을 붙들고 네게 이르기를 두려워 말라 내가 너를 도우리라 할 것임이니라."

위의 말씀을 보면, 하나님의 마음은 오히려 그러한 이스라엘을 바라보시며 아파하셨고 안타까워 하셨으며, 또한 심지어는 눈물을 흘리고 계실 정도의 마음이었다는 것을 알 수 있습니다. 이것이 부모의 마음이고, 아비의 마음입니다. 그리고 끝까지 포기하지 않으시는 모습을 보여 주십니다. 오히려 회복을 약속해 주시고, 힘을 내라고 격려하고 계십니다. 때로는 우리는 하나님의 마음을 잘못 오해하여 더 힘들어지는 경우가 종종 있습니다. 그러나 하나님을 바로 압시다! 우리의 하나님은 우리를 포기하지 않으시는 하나님이시며, 또한 우리를 격려하시는 아버지이십니다. 그리고 우리 때문에 눈물 흘리시는 아버지시고 일어나라고 격려하시는 아버지입니다.

사랑하는 여러분! 지금, 많은 사람들이 참 살기 어려운 때라고 합니다. 그리고 어떤 분들은 소망이 보이지 않는다고 합니다. 그런데 그 순간에도 하나님은 우리를 지켜보시며 힘내라고 하십니다. 결코 포기하지 않으신다고 말씀하십니다. 다시 회복시킬 것이라고 말씀하십니다. 하나님의 말씀에 힘을 얻고 봄의 새싹들처럼 다시 일어날 수 있는 시간들이 됩시다. 그리고 하나님께서는 이 땅의 구원받지 못한 영혼들에 대해서도 포기치 않으시고 끝까지 그들의 구원을 위해서 노력하고 있음도 잊지 맙시다.

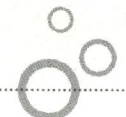

1. 나를 향한 하나님의 마음을 오해해 본 경험이 있습니까? 있다면 왜 그렇게 오해했습니까?

2. 내 고집대로 살아가는 나를 향한 하나님의 마음이 한 번도 변하지 않았다는 사실을 생각해 본적이 있습니까? 그 신실하심을 찬양해본 적이 있습니까? 왜 나는 변하는데 하나님은 변하지 않으실까요?

3. 나는 하나님의 마음을 닮아가고 있는 자입니까? 어떠한 부분에 얼마만큼 닮았다고 할 수 있을까요? 하나님의 마음을 닮아가는 것은 곧 하나님을 닮아가는 것입니다.

3 – 6 "한 사람을 천하보다도 귀하게 여기시는 하나님"

가을의 가로수는 단풍이 들어 온통 울긋불긋한 모습입니다. 날씨가 갑자기 차가워지면서 바뀐 변화들입니다. 아마도 여름이 지나 10월을 넘어선 어느 시점에서 일주일, 혹은 이주일 동안 밖을 나와 보지 않은 사람들이라면 단풍물이든 거리를 바라보며 감탄을 금치 못할 것입니다. '어떻게 이 짧은 시간에 거리가 이렇게 바뀌어 질 수 있는 것일까?' 이 모든 일들을 하나님께서 하셨습니다. 매년 경험하는 것이지만, 단풍이 들어가는 모습을 보며 또 한 번 하나님의 솜씨에 놀랍니다. 그리고 하나님께 기도합니다. '하나님! 이 땅도, 그리고 주님을 알지 못하는 많은 사람들도 하나님께서 한번 일하시면 다 바뀌어 질 수 있겠지요? 역사하시옵소서! 이 땅을 위하여!'

한번은 큐티를 하다가 솔로몬이 왕위에 올라 하나님께 일천번제를 쌓으며 기도하는 본문을 읽게 되었습니다. 일천 번제를 쌓고 정한 시간에 기도한다는 것은 아무나 할 수 없는 일이지만, 하나님은 꼭 그것 때문에 솔로몬을 만나서 지혜를 주시고 부와 귀를 주신 것은 아니었습니다. 하나님은 그 중심을 보십니다. 역대하 1장 7절-17절까지를 보니, 하나님께서는 솔로몬의 기도내용 중에서 그가 지혜와 지식을 구한 이유를 중요하게 보셨다는 사실을 발견하게 됩니다. 그런데 그 이유는 하나님의 백성을 통치하고 이끌어 가기 위함이었습니다. '하나님의 백성'을 위하여 지혜와 지식을 구한 것이었습니다.

솔로몬은 왕위에 올라 하나님께서 맡겨주신 백성들에게 모든 관심을 두었습니다. 하나님께서 사랑하시고, 하나님께서 택하신 백성, 그 백성을 위임해 주셨기에 그 백성들에게 관심을 가진 것입니다. 이것이 솔로몬이 한 모든 것이었습니다. 일천 번제 제단을 쌓은 것도 하나님의 백성을 위하여 쌓은 것입니다. 지혜와 지식도 하나님의 백성을 위하여 구한 것입니다. 하나님께서는 이것을 귀하게 여기셨습니다. 하나님께 한 영혼은 천하보다도 귀하기 때문에 그렇습니다. 하나님께서는 솔로몬에게 나타나셔서 "내 백성을 위하여" 지혜와 지식을 구하였음을 칭찬하셨습니다. 하나님께서도 당신의 백성을 얼마나 사랑하시는지 묻어나는 표현입니다. "내 백성"! 얼마나 사랑이 담겨 있습니까? 솔로몬의 기도와 태도는 하나님의 마음에 꼭 드는 태도였고 간구의 내용이었다는 것을 알 수 있습니다.

곰곰이 생각해 봅니다. 솔로몬이 구한 지혜와 지식은 하나님의 백성을 위한 것이었습니다. 그때 하나님은 그가 구하지 않은 모든 것을 주셨습니다. 하나님께 한 사람 한 사람이 얼마나 귀한 것인지를 알게 하는 대목입니다. 그런데 나는 무엇을 위하여 하나님께 돈을 구하고, 지혜를 구하며, 또 관계를 구하고 있습니까? 영혼을 위해 구하고 눈물을 뿌리는 모든 것을 하나님께서 거두십니다. 그리고 그때에는 내가 구하지 않은 것까지 거두게 하십니다.

하나님께 나의 뜻을 맞춘 사람! 그 사람이 지혜로운 사람입니다. 하나님의 의중에 내 기도의 내용을 맞춘 사람! 그 사람이 하나님의 쓰임을 받는 사람입니다. 하나님의 관심과 귀하게 여기는 것을 나도 귀하게 여기고 사랑하는 사람! 그 사람이 이 땅의 모든 것을 얻을 수 있는 사람입니다. 사랑하는 여러분! 하나님의 가장 큰 관심, 아니 모든 것이라 할 수 있는 영혼에 나의 모든 것을 맞추고 그 영혼을 사랑할 수 있는 이 가을을 만들어 가고 싶지 않으십니까?

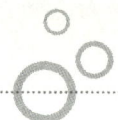

1. 하나님은 영혼을 귀중히 여기는 사람을 왜 사랑하실까요? 하나님께
   한 영혼은 어떠한 존재입니까?

2. 솔로몬 왕의 일천 번제를 하나님께서 기뻐하신 이유를 생각해 보세
   요. 영혼사랑과 관련하여 생각해 보세요.

3. 내가 한 영혼을 사랑한다는 것은 하나님과 어떠한 관계로 격상될 수
   있는 것인가를 생각해 보세요. 나는 단지 한 영혼을 사랑했을 뿐인데
   하나님은 그것을 그렇게 귀중하게 생각하십니다.

4. 하나님의 사랑을 듬뿍 받을 수 있는 가장 중요한 방법을 영혼과 관련
   하여 생각해 보세요.

3 - 7 "열방을 향한 하나님의 마음"

성경에 보면, 하나님의 마음을 잘 알지 못해서 잠시 방황한 한 선지자의 이야기가 나옵니다. 요나의 이야기이지요. 아무리 선지자라고 할지라도 민족주의, 또는 나 중심의 생각에 사로잡혀 하나님의 마음을 헤아리지 못한다면 방황할 수 있습니다. 요나의 방황도, 이스라엘이라는 민족주의 안에서 하나님을 이해하려고 했던 것에서 시작된 것 같습니다. 같은 민족 사람으로 민족의 앞날을 바라보며 걱정하는 것은 잘못이 없지만, 그것이 하나님 보다 앞서서 나의 기준이 되어버리면 문제가 되지요.

하나님은 성경에서 요나가 무엇을 잘못했는지를 분명히 가르쳐 주시면서 하나님의 마음을 비추어 주십니다. 하나님은 이스라엘만의 하나님이 아니라, 열방을 위한 하나님이라는 것입니다. 그래서 우리는 요나서의 성경의 구절들을 통하여 하나님의 마음을 유추할 수 있습니다.

"여호와께서 가라사대 네가 수고도 아니 하였고 배양도 아니 하였고 하룻밤에 났다가 하룻밤에 망한 이 박 넝쿨을 네가 아꼈거든 하물며 이 큰 성읍 니느웨에는 좌우를 분변치 못하는 자가 12만여 명이요 육축도 많이 있나니 내가 아끼는 것이 합당치 아니하냐?"(4:10-11)

하나님은 이 말씀을 통하여 요나의 성냄이 왜 잘못되었는지를 말씀해 주십니다. 그리고 하나님의 마음도 말씀해 주셨습니다. 하룻밤에 났다가 하룻밤에 없어지는 넝쿨도 그렇게 아꼈던 요나였습니다. 그런데 박 넝쿨과 비교해 본다면, 사람은 어떻겠습니까? 넝쿨과는 비교할 수 없는 존재가 사람 아닙니까? 하나님은 악인인 앗수르 사람들도 사랑하십니다. 그 사람들은 넝쿨보다도 존귀한 사람이기 때문입니다. 하나님은 깡패의 생명도 아끼시고 창녀의 생명도 사랑하십니다. 우리가 귀하게 여기는 화초보다도 더 존귀하게 여기십니다. 사람은 모두가 하나님의 형상과 모습대로 지은 존재들이기 때문입니다.

지금도 하나님의 관심은 열방에 흩어져 있는 하나님의 형상과 모습대로 지음 받은 사람들입니다. 그들에게 관심이 있으시고 그들을 사랑하십니다. 심각하게 타락하였어도 하나님의 자녀이었기에 포기할 수 없으십니다. 그래서 참고 또 참고 견디어 그들이 돌아오기를 기다시는 것입니다. 하나님은 그 일을 하나님의 사람들, 구원받은 우리들이 하시기를 원하십니다. 만일 우리가 하나님의 마음을 받들어 사람을 들을 구원시키는 영적인 전투의 현장에, 전도의 현장에 나아가 복음을 전하지 못하고 있다면, 요나와 같이 우리의 오해 때문일 것입니다. 하나님을 알아야 합니다. 하나님을 알아야 그 명령에 복종할 수 있습니다.

니느웨에는 좌우를 분변하지 못하는 어린아이들과 같은 자들이 12만 명이 넘는다고 하였습니다. 좌우를 분변하지 못한다고 하는 것은 오른쪽 왼쪽을 구별하지 못한다고 하는 것입니다. 니느웨 성에는 옳고 그름은 고

사하고 오른쪽 왼쪽도 모르는 어린아이와 같은 사람들이 12만 명이 넘는다는 것입니다. 어떻게 살아 왔길래, 옳고 그름도 분변하지 못하고 오른쪽 왼쪽도 분별하지 못하는 사람들이 그렇게 많이 생겨나게 되었는지 하나님도 마음이 너무 아프셨습니다. 그래서 하나님은 요나를 통하여 마지막으로 그들에게 기회를 주시고 싶으셨던 것입니다.

분명히 기억해야 할 것이 있습니다. 하나님만이 분노하실 수 있습니다. 그런데 그러한 하나님도 분노하시지 않고 참으시는데 우리 인간이 무슨 정의감을 내세우며 사람들의 멸망을 요구할 수 있겠습니까? 우리가 할 수 있는 일은 하나님께 매사를 물으며 하나님의 도구가 되어서 하나님의 자녀들인 사람들을 살리고 세우는 일입니다.

1. 선지자 요나의 잘못은 무엇이었나요? 열방을 향한 요나의 마음의 기준은 어떠한 것이었을까요?

2. 열방을 향한 하나님의 마음을 생각해 보세요. 그 마음은 어떠한 마음입니까?

3. 나의 마음을 하나님의 마음에 맞추어 하나가 될 수 있는 방법을 생각해 보세요. 어떻게 하면 가능하겠습니까?

4. 박 넝쿨의 비유에서 나타나는 하나님의 마음을 어떠한 것입니까? 앗수르 사람도 사랑하시는 이유가 그 비유 안에서 명확히 나타나고 있습니까?

"복음전도"에 관한 보다 깊은 묵상(2)

- 복음전도의 실천에 관하여 -

4 − 1 "전도는 우리의 실존의 문제를 십자가 앞에 가져다 놓는 일입니다"

얼마 전에 성경을 묵상하다가 물위로 걸어오시는 예수님과 제자들에 대해서 깊이 있게 보게 되었습니다. 흔히 우리는 이 구절들을 묵상하다가,' 왜 예수님께서는 제자들과 함께 계시지 않고 떨어져 계시다가 제자들에게 이렇게 어려운 상황을 맞이하게 하시는가?'하고 질문을 던질 수 있습니다. 그런데 마태복음 14장을 보니, 이 사건은 오병이어의 사건이 일어난 직후에 발생되어진 사건이었음을 알 수 있습니다. 성경은, "예수께서 즉시 제자들을 재촉하사 자기가 무리를 보내는 동안에 배를 타고 앞서 건너편으로 가게 하시고 무리를 보내신 후에 기도하러 따로 산에 올라가시니라. 저물매 거기 혼자 계시더니"(마 14:22-23)라고 기록하고 있습니다.

아마도 오병이어의 기적의 현장에서 오천 명이 넘는 무리들에게 먹을 것을 나누어준 제자들을 먼저 쉬게 하시려고, 그리고 그 기적을 보며 본질을 잊은 채 감성적으로 흘러갈 수 있는 제자들을 무리와 분리시켜 시간을 갖게 하려 하셨음이 예수님의 의도가 아닌가 싶습니다. 그리고 더 중요한 것은 예수님께서도 혼자 조용히 기도할 시간이 필요하셨다는 것입니다. 기적을 경험하여 그 기적에 취한 사람들의 분위기에서 분리되어 조용히 본질을 되찾으시고 하나님과 깊이 있는 교제 없이는 당신의 사역을 감당하실 없으셨기에 그러하셨을 것입니다. 여기에 예수님의 위대함이 있습니다.

한편, 배를 타고 물을 건너던 제자들은 배 안에서도 흥분이 없어지지 않았을 것입니다. '어떻게 물고기 두 마리, 보리 떡 다섯 개로 그 많은 사람들을 먹일 수 있단 말인가?' 라는 생각 때문에, 또는 그 기적의 현장에서 무리들이 건넨 말들 때문에(예수님을 왕으로 세워야 한다는 말들, 그리고 제자들도 그때에는 한 자리 차지할 수 있을 것이라는 말들을 추측할 수 있습니다.) 한껏 고조되어 있었는지 모릅니다. 그런데 갑자기 돌풍이 불어 생사의 기로에 놓이게 되었습니다. 지금까지의 생각과 감정, 그리고 기대와 소망은 순식간에 사라지고 어떻게 하면 살 수 있느냐의 문제만이 그들을 사로잡았습니다. 너무 순식간에 일어난 사건이었습니다. 그 때 예수님께서 물위로 걸어 오셨습니다. 그리고 그들을 구해주신 것입니다.

저는 이것이 우리 인생의 실존의 문제를 그대로 표현해 주는 사건이라고 생각합니다. 아무리 이 땅에서 좋은 것을 누리고, 또 좋은 소망을 가지고, 기대와 계획이 있다고 할지라도, 인간은 한 순간에 죽음의 문제에

설 수 있는 존재라는 것이지요. 제자들을 살펴본다면, 지금 죽게 되었는데 예수님이 왕이 되어도 무슨 소용이 있겠습니까? 또 자신들에게 좋은 자리를 준다고 한들 무슨 소용이 있겠습니까? 그 순간은 살아나는 것이 가장 큰 바람이고 소망입니다.

사랑하는 여러분! 복음전도도 이와 같습니다. 우리가 전도해야 할 이유도 여기 있습니다. 자신의 실존의 궁극적인 문제가 무엇인자를 알지 못하고 세상적인 것만을 추구하며 살아가는 사람들을 바라보며, 언젠가는 그 모든 것들을 내려두고 삶과 죽음의 문제 때문에 씨름해야 한다는 것을 가르쳐주고 지금 그 문제를 직시하게 만들어 그들이 이 실존적인 문제를 십자가 앞에 가져와 해결 받게 해 주는 것입니다. 훌륭한 전도자들은 피전도자들로 하여금 삶과 죽음의 실존의 문제를 직시하게 만들어주어 그 문제를 십자가 앞에서 가져와 해결 받게 해 주는 사람입니다. 날마다 십자가 앞에 나간다는 것은 나의 실존의 문제를 날마다 인식하며 하나님의 도우심을 구하며 사는 삶입니다. 나는 어떠합니까?

1. 예수님이 오병이어의 기적을 베푸신 후 제자들과 따로 시간을 가지신 이유에 대해서 생각해 보세요. 나와는 어떠한 차이가 있습니까?

2. 제자들은 왜 한 순간 죽음의 공포를 경험했습니까? 주님을 만났지만 왜 물위를 걷지 못했을까요? 오병이어의 사건 후 주님과 제자들의 행동과 사고의 차이점을 생각해 보세요.

3. 사람은 어떠한 문제를 만나면 많은 것을 누리다가도 허둥대며 당황할까요? 이것이 우리의 실존의 문제라는 것을 생각해본 적이 있습니까?

4. 피전도자들에게 무엇의 문제를 직면하게 해주면 전도가 효율적으로 가능할까요? 복음 전도의 본질적인 내용을 생각해 보세요.

4 - 2 "세상이 우리에게 있는 소망에 관한 이유를 묻게 하십시오"

　요즈음 전도를 강조하지 않는 교회와 목회자들은 없는 것 같습니다. 그러다보니 전도를 위한 방법과 수단이 무척 많아지고 있습니다. 물론 효율적인 전도를 위해서는 방법이 필요하고 수단들도 필요합니다. 그러나 본질을 잃어버린 방법과 수단은 더 이상 어떠한 의미도 없음을 알아야 합니다. 요즈음 행해지는 전도가 본질을 잃어버렸다고 단정 짓는 것은 아니지만, 많은 경우에 있어서 그 본질적인 의미가 퇴색해 버려가고 있음은 사실입니다. 전도를 그저 교회 성장의 수단으로만 취급하려 들기 때문이지요. 복음전도의 본질은 내가 듣고 경험한 기쁜 소식을 다른 사람에게 전하여 영혼을 구원하고 개개인을 하나님의 사람으로 세우는데 있습니다.

　새삼스레, 초대교회 교인들을 향해 던진 베드로의 메시지가 생각납니다. "너희 속에 있는 소망에 관한 이유를 묻는 자에게는 대답할 것을 항상 예비하되"(벧전 3:15). 이 말씀은 참 역설적인 말씀이라고 생각됩니다. 고난 속에 있는 그리스도인들에게 소망이 있다고 말하고 있기 때문입니다. 예수 그리스도의 복음 때문에 하나님의 자녀가 되었지만, 또한 그 시대상황 때문에 로마의 핍박을 받아야 했던 그리스도인들! 얼마나 힘들고 어려웠겠습니까? 그리스도인들을 박해하고 힘들게 하였던 주체가 다른 사람들과 세력이 아니라, 당대 최고의 나라! 권력이라고 할 수 있는 로마였기 때문입니다. 아마도 그리스도인들은 살아 있는 것, 그리고 숨 쉬는 것 자체가 힘들고 어려웠을지 모릅니다. 그래서 베드로 사도는 그들을 위로하며 그들에게 그리스도인으로서 어떻게 살아야 할지를 제시하며 베드로전서를 기록하였습니다. 그런데 그 가운데", 너희 안에 있는 소망에 관한 이유"라는 말을 사용했습니다. 한번 생각해 보십시오. 고난 중에 있는 사람들! 그리고 핍박 속에서 숨쉬기조차 힘들어하는 사람들에게 무슨 소망이 있을 수 있겠습니까? 그러나 베드로 사도는 과감히 "너희 안에는 소망이 있다"고 단정지어 말하고 있습니다. 그리고 그 소망은 살아 있는 "산소망"(벧전 1:3)이라고 정의했습니다.

'세상만 바라보며 세상에 모든 것을 맞추어가며 살아간다면 로마의 박해 때문에 힘들고 어려울 수밖에 없지만, 너희에게는 소망이 있지 않느냐? 그것도 한번으로 끝나며 이루어질 수 있는지 알 수 없는 소망이 아니라, 매일 살아 움직여 하나님이 원하시는 방향으로, 그리고 목적하신 곳으로 너희의 삶을 끌어가는 산 소망이 있지 않느냐?'는 것이 베드로 사도의 단언입니다. 베드로 사도는 로마의 핍박을 피하여 소아시아에 흩어져 살고 있는 그리스도인들에게 그 사실을 일깨워 주고 있는 것입니다.

그렇습니다! 초대교회 교인들에게는 산 소망이 있었습니다. 비록 환경과 상황은 어렵고 힘들어 죽음의 순간순간이 찾아오고 있었지만, 그 모든 것을 초월할 수 있는 주님이 주시는 산 소망이 있었습니다. 이것을 세상 사람들은 이해할 수 없었습니다. 그 정도 되면 분명히 죽을상을 짓고 예수를 포기하거나 어려워해야 합니다. 그러나 그리스도인들을 보면 세상이 줄 수 없는 소망이 있는 사람들처럼 평안했거든요. 그래서 그리스도인들에게 물어보았습니다. 이 상황에서도 평안할 수 있는 이유를! 그리고 소망이 있는 이유를 말입니다. 그때 그리스도인들은 예수 그리스도의 복음 때문에 경험하는 소망을 말해주었고 평안의 이유를 말해 주었습니다. 그리고 자연스럽게 전도할 수 있었습니다. 이렇게 전한 복음에는 힘이 있었습니다. 그리고 너무 놀라운 결과들이 산출되었습니다. 왜냐하면 자신들이 먼저 경험한 것을 나누어 주었기 때문입니다.

다시 오늘 우리 교회들을 봅니다. 전도를 강조하고 행하려 하고 있지만, 성경이 말하고 있는 영혼의 구원과 성숙이라는 본질적인 목적보다도, 다른 목적을 위해서 강조되고 있는 것은 아닌지요? 기업처럼 성장을 위해서 꼭 필요한 것이 전도가 되지는 않았습니까? 그리고 묻고 싶습니다". 세상이 그리스도인들을 향하여 그들 안에 있는 소망에 관한 이유를 묻고 있습니까?" 전도를 위하여 먼저 회복되고 되찾아야할 부분이 무엇일까요!

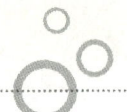

1. 복음전도의 본질은 무엇입니까? 무엇하는 것이 전도입니까?

2. 핍박 받는 그리스도인들에게 소망이 있다면, 그것도 산소망이 있다
   면 그것은 어떻게 설명할 수 있고 어떻게 경험할 수 있는 것입니까?

3. 그리스도인들에게 소망이 있는지는 그들의 삶을 보면 알 수 있습니
   다. 소망이 있는 자들은 그 삶이 평안하고 소망을 향해 달려가는 자
   들이기 때문입니다. 나는 소망을 가지고 신앙생활을 하는 자입니까?

4. 초대교회의 복음전도의 방법 중 하나인 "소망의 관한 이유를 묻거든
   답하라"는 것이 오늘날 우리 교회 전도에 시사해 주는 점이 무엇이라
   고 생각합니까?

4 – 3 "야곱의 전도– 내가 험악한 세월을 보내었나이다(창 47:9)–"

삶의 말년에 자신의 삶을 돌이켜 보면 만족할 만한 사람은 그리 많지 않을 것입니다. 만족보다는 후회가, 그리고 아쉬움이 많을 것입니다. 야곱도 그러했습니다. 성경의 많은 지면을 차지하고 있는 야곱은 자신의 인생이 비록 파란만장하였어도 그의 인생 말년에 하나님의 도우심으로 이스라엘의 민족의 기초를 놓았기에, 또한 가족이 결합했기에 나름대로 의미 있었다고 생각할 수 있습니다. 그러나 야곱은 자신의 삶의 말년에 이방 땅 바로 왕 앞에서 자신의 삶에 대한 고백을 처참하게 합니다. "내가 험악한 세월을 보내었나이다" 이것이 그의 고백이었습니다.

한번 생각해 보십시오! 그는 참 험악한 생활을 하였습니다. 첫째, 그는 자신이 팥죽 한 그릇으로 산 장자의 축복 때문에 어머니와 생이별을 하였습니다. 많지 않은 나이에 자신을 사랑하던 어머니와의 생이별이 얼마나 상처가 되고 아팠겠습니까? 둘째, 축복을 얻기 위하여 집을 나와야 했지만, 당장 만져지는 것과 보여 지는 것, 느낄 수 있는 것은 없었습니다. 그를 맞아준 것은 광활한 광야와 넓은 하늘뿐이었습니다. 셋째, 우여곡절 끝에 외삼촌의 집에 도착하여 함께 살게 되었지만, 마음에 드는 딸과 결혼하기 위하여 7년의 시간동안 고생하고도 결혼 첫날부터 신부가 바뀌고 일평생 네 명의 아내가 일으키는 복잡한 감정 속에서 살았습니다. 넷째, 20년 동안 처가살이를 하면서 너무 어려운 시간을 보내었습니다(창 31:40). 다섯째, 고향으로 돌아가는 중, 사랑하는 아내 라헬이 아이를 낳다가 죽는 것을 경험하였습니다. 여섯째, 외동딸 디나가 세겜의 추장의 아들에게 성폭행을 당하는 일이 벌어졌습니다. 일곱째, 장자 르우벤이 자신의 첩 빌하와 불륜의 관계를 가져 가족의 질서를 무너뜨렸습니다. 여덟째, 사랑하는 아들 요셉이 사라지게 되는 일이 터지게 되었습니다(창 37:33-35). 아홉째, 7년의 대기근 속에서 비참하게 2년을 살았습니다. 독자 여러분! 얼마나 파란만장한 삶입니까? 우리는 아마도 이러한 일들 가운데 몇 가지만 경험하더라도 그 상처 때문에 삶이 너무 힘들 수 있는데, 야곱은 이 모든 일들을 경험하며 살아왔습니다. 그러니 바로 왕 앞에서 고백한 내용은 지극히 분명한 사실이었습니다.

하지만 야곱이 바로 왕 앞에서 이렇게 고백한 것은 자신의 인생을 한탄하기 위함일까요? 꼭 그런 것 같지는 않습니다. 야곱의 고백에는 다음과 같은 의미가 담겨있다고 볼 수 있습니다. 첫째, 길지 않는 인생을 돌아보니 그 인생은 참 굴곡이 많았다는 것입니다. 지금 아무리 잘 산다고 자부할지라도, 인생의 종착역에서 보면 후회 많고 아쉬움이 많은 것이 인생이라는 의미를 바로 왕에게 해주고 있는 것입니다. '바로 왕이시여! 당신이 권세와 영광을 가지고 부러울 것 없이 살아가고 있지만, 인생의 말년에서는 나와 같은 고백을 하게 될 것이오!' 라고 삶의 의미를 일깨워 준 말이었습니다. 한번 왔다가 가는 허무한, 아쉬운 인생의 의미를 바로 왕에게 가르쳐 주고 있는 것입니다. 마치 전도자의 고백처럼, "헛되고 헛되며 헛되고 헛되니 모든 것이 헛되도다!" 라고 말한 것처럼 말입니다.

그리고 둘째로는 다음과 같은 의미가 있습니다. '그러나 당신 앞에 서 있는 나 야곱은 그 험악한 삶 속에서도 의미가 있었소! 지금 당신의 나라를 구하기 위해 일하고 있는 요셉을 보시오. 그가 내 아들이요! 많은 어려움이 있는 삶이었지만 그 속에서도 보이지 않는 손길! 도움의 손길 때문에 내 인생은 의미가 있었습니다. 내 삶의 요소요소에는 이러한 축복이 있었소. 그래서 많은 사람들이 기근으로 힘들게 살아가고 있는 이 시간에도 그 손길은 지금 나를 당신 앞에 세워 놓은 것 아니겠습니까?'

마지막 세 번째로는 '세상의 힘만으로는 굴곡 많은 세상을 살아 갈 수 없습니다. 나를 도우신 하나님의 도우심이 있어야 합니다. 그래야 굴곡 많은 삶속에서도 의미를 찾을 수 있으며 인생을 이렇게 정리할 수 있습니다. 지금까지 살아보니 나는 내 힘으로 살아온 것이 아니었소!' 라는 의미를 담고 있습니다. 사랑하는 여러분! 바로 왕 앞에선 야곱의 마지막 고백이 무척 의미심장하지 않습니까? 아마도 바로는 요셉을 보며, 그리고 야곱의 고백을 들으며 보이지 않는 하나님을 느꼈을 것입니다.

야곱의 이 고백이 먼저는 우리의 삶을 돌아보게 만들기 원합니다. 굴곡 많은 인생을 내 힘으로만 살려고 하지 마세요. 하나님을 의지하며 그분에 기대어 사세요. 또한 어려움이 많은 세상이지만, 그곳에서 경험한 하나님을 사람들에게 전하세요. 인생의 허무함과 함께 그 속에서 우두커니 나를 지키고 계신 하나님을요!

1. 야곱의 인생말년의 고백, 즉 "내가 험악한 세월을 보내었나이다"는 어떠한 의미를 담고 있나 생각해 보세요.

2. 야곱의 인생말년의 고백이 애굽의 바로 왕에게 하나님을 전하는 전도가 될 수 있는 이유를 생각해 보세요.

3. 내 인생의 삶에 관한 고백을 가지고 다른 사람에게 전도할 수 있습니까? 내 삶을 정리해서 영혼을 구원하는 전도의 도구로 사용해 봅시다.

4 – 4 "사회봉사와 전도"

'가난한 자, 눈먼 자, 억눌린 자, 귀신들린 자, 병든 자...' 세상은 어느 누구도 이들에 대해서 관심을 갖지 않았지만, 유독 그들을 향해 관심을 갖고 찾아가신 분이 계셨습니다. 그분이 바로 예수님이십니다. 예수님은 스스로 자신에 대해 "인자가 온 것은 섬김을 받으려 함이 아니라 오히려 섬기려 하고 자기 목숨을 많은 사람의 대속 물로 주려 함이니라"(막10:45)라고 말씀하셨습니다.

오늘날 많은 교회들은 예수님을 본받아 섬김과 봉사를 실천하고 있지만, 그러한 봉사의 실천이 명확한 결과를 나타내지 못할 때에는 '사회봉사가 교회의 부흥에 별다른 도움을 주지 않으니 사회봉사보다는 교회 내실을 다지는 것이 중요하다'고 말하기도 합니다. 그러나 여기서 분명히 해두어야 할 것이 있습니다. 사회봉사는 교회부흥의 수단이 아니고, 또한 영혼을 구원하기 위한 도구도 아니라는 것입니다. 많은 교회들이 여전히 전도를 교회 성장의 도구로 생각하듯이, 전도를 위한 또 다른 도구로 사회봉사를 택하고 있는 것을 봅니다. 이것은 잘못된 인식입니다.

기독교의 복음전도는 복음을 통하여 영혼을 살리고 세우며 이 땅에 하나님의 나라가 도래하게 하는 행위이기에 '왜 교회가 이 땅에 존재해야 하는가?'에 대한 궁극적인 답이 되기도 합니다. 다시 말하자면, 전도는 예수 그리스도의 생명을 전하여 죽어가는 모든 것들을 살리는 행위이지 교회 부흥의 수단이 아닙니다. 그렇다면 예수 생명을 전하여 영혼들을 살리며 세우는 전도현장에 꼭 필요한 것이 무엇일까요? 그것은 영혼을 사랑하시는 예수님의 마음입니다. 이 마음이 없이는 진정한 전도의 행위가 일어날 수 없습니다. 이 마음이 있을 때, 전도자는 자연스럽게 영혼들을 사랑하고 섬길 수 있고, 그 안에서 예수님처럼 순수한 마음으로 세상을 향한 봉사를 할 수 있습니다.

그렇다면, 교회가 가지고 있는 사회봉사에 대한 삐뚤어진 시각이 바꿔져야 할 필요가 있다고 생각합니다. 그것은 교회가 실천하고 실천해야 할 사회봉사는 어떠한 목적을 가지고 접근하기 보다는, 영혼을 살아하고 세상을 사랑하는 주님의 마음을 품고 하나님이 창조하신 세상의 회복에 대한 책임으로써 접근해야 한다는 것입니다. 교회 인식을 좋게 홍보하기 위함이라든지, 그것을 통한 교회의 부흥 등 여타 어떠한 목적도 더해져서는 안된다는 것입니다. 만약 예수님께서 지금도 이 땅에 계신다면, 당신의 공생애의 삶의 모습과 동일하게, 이 땅 구석구석을 누비시면서 굶주리고 병들고 소외된 자들을 향해서 그들을 섬기시고, 궁극적으로는 전인적인 회복을 위해 일하실 것입니다. 이러한 예수님의 모습을 좇아 동일한 마음을 가지고 동참하는 것이 진정한 교회의 사회봉사일 것입니다.

그러면 교회의 사회봉사와 전도와의 어떠한 관계가 있고, 또 어떻게 좋은 관계를 설정해야 할까요? 이것은 예수님의 삶에서 발견할 수 있습니다. 예수님은 공생애 사역 동안에 당신의 능력 있는 말씀만으로도 충분히 영혼들을 치유하고 회복하실 수 있으셨습니다. 그러나 그분은 영혼들을 섬기시기 위해 소외되고 상처받고 굶주린 영혼들 곁으로 친히 다가가셨습니다. 그리고 그들과 함께 생활하시면서 대화하시면서 그들의 상황과 아픔을 아시며, 공감하셨고, 함께 하셨습니다. 때로는 눈물을 흘리시고 가슴 아파하시며 의로운 분노도 표현하셨습니다. 그리고 그들의 요구를 들어주시기도 하셨습니다. 그러나 그들의 필요만을 채우는 것이 온전한 해결책이 될 수 없었기에, 삶에 지친 사람들을 본질적으로 회복할 수 있는 복음을 선포하셔서 전인적인 구원을 이루게 하셨습니다.

사회봉사는 전도를 위한 도구가 아닙니다. 즉, 전도를 위한 방편으로 사회봉사를 하는 것은 옳지 않습니다. 이 둘은 하나로 연결되어져야 합니다. 어느 하나를 따로 떼어서 실천할 때는 그것이 추구하는 온전한 목적을 이룰 수 없습니다. 다시 말하자면, 진리의 선포가 연결되지 못한 사회봉사는 그 자체로는 의미가 있을지 모르지만, 궁극적으로 봉사의 행위로만은 이 사회를 변화시킬 수 없습니다. 그리고 전도 역시 사회를 사랑하는 마음으로 섬기고 봉사함 없이 진행될 때, 울리는 꽹가리가 되고야 맙니다.

그러므로 예수님처럼, 영혼을 사랑하고 하나님께서 창조하신 세상을 사랑하는 마음으로 사람들과 세상에 접근하여 그들과 함께하고 그들의 필요를 채워주는 행위가 필요하며, 다음으로는 이 사회를 바꿀 수 있는 진리의 복음을 선포하여 삶에 지친 영혼들과 황폐해가는 세상을 진정으로 회복할 수 있는 일을 행해야 합니다. 사랑의 실천과 진리의 선포! 이 둘이 온전하게 연결되어질 때, 이 땅은 하나님이 창조하신 최초의 땅으로 회복되어질 수 있을 것입니다.

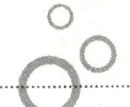

1. 기독교 사회봉사를 위한 기본적인 자세와 마음은 어떠한 것일까요? 그것이 전도와 어떠한 관계가 있습니까?

2. 그리스도인들은 이 땅에서 왜 사회봉사를 해야 합니까?

3. 기독교 사회봉사가 무엇을 잃어버리면 그 목적이 비뚤어질 수 있습니까?

4. 예수님의 사회봉사의 모습을 생각해 보세요. 어떠한 목적을 가지고 어떻게 봉사를 하셨습니까? 오늘날 교회는 그렇게 실천하고 있습니까? 복음전도와 어떻게 상통하는 관계가 있나요?

4 - 5 "영혼을 붙이시는 하나님"

하나님께 있어서 가장 소중한 것이 무엇일까 생각해 본적이 있으세요? 저도 여러 가지로 생각해 보았는데, 그 결과 영혼이라고 생각했어요. 성경에서도 한 영혼이 천하보다도 귀하다고 기록되어 있고, 또 영혼을 구원하시고자 인간이 타락한 이후로 열심을 내오신 하나님이시잖아요? 이렇게 볼 때, 하나님께서 영혼을 붙이시는 것보다 더 큰 축복은 없는 것 같아요. 성경에도 보니까, 하나님의 사람 엘리야가 가장 힘들어하고 어려워할 그 때에 하나님께서는 다른 어떠한 것보다도 준비하신 영혼들을 붙이시더라구요.

우리가 알고 있다시피, 엘리야는 이스라엘을 우상의 나라로 만든 아합 왕과 그의 아내 이세벨과 싸우며 고군분투하며 많은 시간을 보내었습니다. 하나님은 그러한 엘리야의 노력에 부응하여 응답하시고, 당신만이 참 신(神)이심을 나타내 보이셨습니다. 갈멜산 위에서 어느 신이 참 신(神)인가 대결을 펼치어 850명의 우상을 섬기는 지도자들을 죽이는 일들을 경험하게 하셨기 때문입니다. 아마도 엘리야는 그동안 외롭고 힘들었어도, 갈멜산의 사건을 계기로 하나님의 임재와 살아계심을 다시 한 번 경험하고 힘을 얻었을 것입니다. 그러나 그 사건 후 또다시 혼자의 몸으로 쫓기는 신세가 되었을 때, 아무리 엘리야가 하나님의 사람이었다 할지라도 그는 힘을 잃고 사막으로 들어갔습니다. 그리고는 로뎀 나무 아래서 자신의 목숨을 취해달라고 하나님께 기도드렸습니다.

우리에게는 너무나 훌륭한 선지자였기에, 이러한 엘리야의 행동을 이해하지 못할 수 있습니다. 그러나 엘리야도 우리와 성정이 같은 사람이 기에, 보이지 않는 하나님의 역사하심을 날마다 경험하고 살았지만, 동역 자가 없는 홀로 있는 오랜 생활과, 쫓기는 생활 속에서 이제는 기력이 다 했습니다. 그러나 무엇보다도 엘리야를 가장 힘들게 만들었던 것은 바알 에게 무릎 꿇지 않은 사람이 이제는 더 이상 남지 않았다는 외로움과 혼 자서는 더 이상 하나님의 일을 해나갈 기력이 없다는 결론이었을 것입니 다. 그런데 그 때 하나님께서는 엘리야를 세미한 음성가운데에서 만나주 셨습니다. 그리고는 회복시켜 주십니다.

그런데 여기서 주목할 일은, 하나님께서 엘리야를 회복시켜 주신 방 법이 세미한 음성을 통해서 들려주신 말씀이었습니다. 그 말씀의 핵심은 혼자가 아니라는 것입니다. 그리고 7,000명을 남겨 놓았다는 것입니다. 그 사람들을 붙이시겠다는 것입니다. 이 얼마나 힘이 나는, 그리고 회복 될 수 있는 말씀입니까? 엘리야가 생각할 때, 바알에게 절하지 않은 사람 은 자신 외에는 아무도 없다고 생각했었는데, 그래서 외롭고 힘들었었는 데, 더 이상 살아갈 용기도 힘도 나지 않았었는데... 그런데 하나님께서는 혼자가 아니라고 말씀해 주시고 준비해 놓은 사람을 붙이시겠다는 것입 니다. 우리의 연약함을 너무나 잘 아시는 분이시기에 엘리야에게 가장 필 요한 것을 준비하셔서 다시 일어설 수 있도록 도와주신 것입니다. 그 후 엘리야는 일어나 하나님의 말씀대로 행동하게 됩니다.

사랑하는 여러분! 어려운 이 세상을 살아가는 우리에게도 이러한 역사가 있어지길 원합니다. 우리의 삶에서 외롭고 힘들고 지친 부분이 있었다면, 이제는 하나님의 세미한 음성을 듣고 하나님이 준비하신 영혼들이 붙여지고 돕는 역사가 있어지기를 축원합니다. 하나님이 우리에게 주시는 축복가운데에 가장 큰 축복은 영혼입니다.

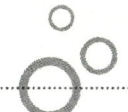

1. 영혼을 붙이시는 것이 왜 하나님의 가장 큰 축복입니까? 나는 하나
   님을 통해서 그러한 축복을 기대하고 있습니까? 아니면 다른 유형의
   복을 원하고 있습니까?

2. 나의 신앙의 삶에서 영혼이 붙어지고 그 영혼들을 통해서 하나님의
   은혜를 맛보며 축복을 누려본 적이 있습니까? 생각해 보세요.

3. 혹시 하나님이 나를 축복하시는 사인(sign)을 놓쳐버리고 있지는 않
   습니까? 하나님의 축복을 확인하고 싶다면 지금 주변을 확인해보세
   요. 내 주변에 있는 사람들이 하나님의 축복의 도구들입니다.

4 - 6 "일어나라 빛을 발하라"

인류의 역사에 오랫동안 잠들어 있던 꽃씨 하나가 있었습니다. 그것은 보통 꽃씨가 아니라 빛을 발하는 꽃씨였습니다. 하나님께서는 이스라엘 민족에게 하나님의 진리를 나타낼 수 있는 빛을 주셨습니다. 그래서 꽃으로 비유하자면 이스라엘을 빛을 비추는 꽃이었다고 말할 수 있습니다. 다른 꽃들은 아름다운 색깔로 자랑하고 향기를 뽐내지만 이스라엘이라는 꽃은 하나님의 진리를 드러내는 꽃이었습니다. 그러나 구약의 이스라엘 민족이 드러내는 진리의 빛은 너무 약하여 온 세상을 밝게 할 수 없었습니다. 더군다나 하나님 앞에서 계속 범죄 하자 하나님께서는 그 민족에게 시련을 허락하시어 그 꽃을 땅속에 파묻히게 하셨습니다. 그것이 바벨론 포로기입니다. 이사야 60장에 나타난 예언의 시기는 바로 이러한 시기였습니다. 그러나 하나님은 긍휼과 자비로 이스라엘의 회복을 선포하십니다. 그래서 이사야는 700년 후에 예수께서 오셔서 회복하실 교회의 시대를 바라보며 지금 예언하고 있는 것입니다. 이렇게 볼 때, 이사야 60장에 나오는 예언의 1차적인 성취는 예수 그리스도의 초림의 사건 때이고, 2차적인 성취와 궁극적인 성취는 오늘날 이 말씀대로 행하며 살아가고 있는 모든 그리스도인들을 통해서라고 말할 수 있습니다.

이사야 60장의 말씀을 보면, 하나님은 지금 주저앉아 있는 이스라엘을 향하여 먼저 "일어나라"고 말씀하십니다. 성경 안에는 이 말씀이 많이 나타나 있습니다. 이 말씀은 죽은 자를 살리는 생명의 말씀입니다. 그렇기에 하나님은 지금 영적으로 죽어 있고 죄악으로 황폐해져 있는 이스라엘을 살리기 위하여 이 말씀을 던지시고 있는 것입니다. 그러나 이 말씀이 하나님의 명령의 모든 것이 아니었습니다. 일어나야 할 이유가 있습니다. 그것은 빛을 발하기 위함입니다. 이 빛은 내가 발하는 것이 아니라 내 속에 내주하고 계시는 삼위일체 하나님의 빛을 드러내는 것을 의미합니다. 우리 속에 있는 하나님의 사랑의 빛을 드러내고, 예수 그리스도의 구원의 빛을 드러내며, 성령님의 성결의 빛을 드러내어야 합니다. 그러면 이 빛은 어떻게 발할 수 있습니까? 먼저 우리의 죄를 회개하여야 빛을 발할 수 있으며, 기도로 하나님과 지속적인 교제를 해야 합니다. 그리고 하나님의 구원을 선포해야 하며 하나님의 사랑을 실천하는 것이 빛을 발하는 것입니다. 또한 성결하게 살아야 합니다. 이러한 행위가 빛을 드러내는 행위입니다.

그러면 왜 빛을 발해야 합니까? 이사야 60장을 통해서 보면 첫째, 어두움이 땅을 덮고 있기 때문입니다. 이 땅은 죄로 어두워 어디가 생명의 길인지 알지 못합니다. 그렇기에 빛을 알고 간직하고 있는 우리가 빛을 비추지 못하면 모든 사람들이 죽습니다. 둘째로는 우리가 빛을 비출 때 열방이 우리의 빛으로, 열왕이 우리의 비추는 광명으로 나올 수 있기 때문입니다. 이 세상의 모든 사람들은 빛에 굶주려 있는 자들입니다. 아무리 강퍅해 보여도 빛을 찾아 헤매는 자들입니다. 그렇기에 우리가 빛만 비춘다면 그들은 한여름 밤 불빛을 보고 찾아오는 나방과 벌레들처럼 우리의 불빛을 보고 찾아 올 것이라고 성경은 말합니다. 영혼을 구원하지 못하고 교회가 부흥하지 못하는 이유 중에 하나는 우리가 빛을 발하지 못하고 있기 때문일 것입니다.

사랑하는 여러분! 우리가 빛을 비출 때 어둠 속에 있는 자들이 생명의 길을 바라보며 달려 나올 것입니다. 그 광경을 기대해 보십시오. 상상해 보십시오. 어둠 속에서 온갖 어려움과 아픔 속에 있던 자들이 광명으로 나아와 희망과 소망을 되찾을 그날을 말입니다. 그 꿈을 꿀 수 있다면 지금의 어려움과 고난을 능히 이겨나갈 수 있지 않습니까?

1. 하나님께서 이스라엘에게 "일어나라"고 하신 이유가 무엇입니까? 그 말씀은 나에게 어떻게 적용될 수 있을까요?

2. 우리 그리스도인들이 이 땅에 빛을 발해야 하는 이유를 생각해 보세요.

3. 일어나 빛을 발하는 그리스도인들의 모습을 복음전도와 연결하여 생각해 보세요. 그리고 효율적인 복음전도의 방법을 구상해 보세요.

4 - 7 "다신교 문화 안으로 모세를 보내시는 하나님"

점차 더 현대화되어져 가는 이 시대의 특징 중에 하나가 다문화, 다신교의 상황이라고 할 수 있습니다. 그런데 이러한 다문화, 다신교의 상황이 고착화 되어가는 시대에 복음전도가 효율성이 있겠느냐고 많은 사람들이 질문을 하고 합니다. 종교다원주의가 판치며 기독교 구원의 유일성과 궁극성을 잃어갈 수밖에 없는 상황에서 어떻게 전도하면 좋겠느냐는 안타까운 질문이지요. 참 어려운 질문입니다. 분명한 답은 있지만, 그것은 어떠한 예를 들어 어떻게 설명해 주어야 좋을지가 어려운 것입니다. 그러나 성경 안에서 한 가지 해답을 찾을 수 있습니다. 다신교 문화 안에서 효율적으로 전도할 수 있는 가장 중요하고도 기본이 되는 말씀의 답을 찾을 수 있다는 것입니다. 간단하지만 파워풀한 내용입니다.

출애굽기 4장을 보면, 하나님께서 430년 동안 애굽에서 종살이 하던 이스라엘을 구원하시기 위하여 모세를 그 땅으로 보내시는 장면이 나옵니다. 우리가 알고 있듯이, 그 당시 애굽이라는 나라는 다신교의 나라였고, 다른 여러 민족이 어우러져 살고 있었던 다문화 사회였습니다. 하나님은 그러한 땅에서 430년 동안 살아 거의 그 땅의 사람이 되었던 이스라엘을 구원하시려고 모세를 보내시는 것입니다. 그런데 하나님의 방법은 애굽을 이기기 위해 말과 기병, 그리고 훌륭한 무기를 모세에게 주어서 보낸 것이 아니었습니다. 단지 모세가 가지고 있었던 지팡이만을 가지고 가게 하셨습니다. 그리고는 "이제 가라! 내가 네 입과 함께 있어서 할 말을 가르치리라." 라고 말씀해 주셨습니다. 아무것도 주시지 않았습니다. 그러나 결론적으로 우리가 알고 있는 것은, 그러한 하나님의 방법이 이스라엘을 구원하게 하셨다는 것입니다. 아무것도 가지지 않고, 지금까지 사용해 왔던 지팡이만 가지고 하나님의 말씀만 의지하여 가도록 했는데 이스라엘을 구원할 수 있도록 해 주신 것입니다. 할렐루야!

오늘날 다문화, 다신교의 사회에서 그들을 구원하고 인도하기 위하여 문화도 알아야 하고, 그들이 처한 상황도 알아야 하며, 좋은 관계도 형성해야 합니다. 그러나 복음전도의 가장 중요한 요소는 하나님을 의지하며 가는 것이고 이 부분에 대한 확신이 있어야 합니다. 또한 아무것도, 어떠한 무기가 없어도, 내가 사용하던 보잘 것 없는 지팡이라고 할지라도 하나님께 붙들려 사용되기만 한다면 기적을 일으키는 도구가 되어 질 수 있음을 믿어야 합니다. 그렇기에 내가 가지고 있는 보잘 것 없는 것이라도 주님께 내려놓아 붙잡혀 사용되어져야 합니다. 그때 기적이 일어납니다.

사랑하는 여러분! 단지 하나님께 부름 받고, 하나님께 붙들려져 이 지팡이만을 가지고 오늘날 사회보다 더 다신교적이고 다문화적인 애굽으로 가서 하나님이 주신 임무를 수행한 모세를 보면서, 우리는 복음전도에 있어서 무엇이 가장 중요한 요소인지를 생각할 수 있습니다. 방법도 중요하지만, 본질의 회복, 핵심 가치를 붙잡는 것이 가장 중요하다는 사실을 알 수 있습니다. 그것만 있으면 할 수 있습니다! 그리고 하나님께만 붙들려 지면 됩니다. 하나님의 손에 붙들려진 전도자가 됩시다! 그리고 내가 가지고 있는 것을 하나님이 붙잡고 쓰셔서 하나님의 기적을 나타내실 수 있도록 내려놓읍시다. 그러면 오늘날에도 기적이 일어납니다. 그리고 다신교, 다문화 사회에서도 효율적인 전도가 수행되어 집니다.

1. 다신교 문화, 다문화 안에서 전도할 때 가장 기본이 되는 사항은 무엇입니까? 무엇을 먼저 준비하고 갖추어야 합니까?

2. 복음전도를 실천할 때 하나님께서 나를 통해 기적을 베푸실 수 있도록 내가 할 수 있는 일은 무엇입니까? 모세의 지팡이와 연관 지어 생각해 보세요.

3. 왜 복음전도는 방법보다도 기본과 핵심가치의 준비가 중요할까요? 모세가 애굽에서 바로 왕 앞에서 행한 일들을 떠올리며 생각해 보세요.

A deeper contemplation about the Gospel

"복음전도"에 관한 보다 깊은 묵상(3)

- 전도자의 자세에 관하여 -

5 – 1 "위대한 전도자상"

　어느 날 데살로니가전서를 묵상하다가 그 곳에서 위대한 전도자 상(像)을 발견할 수 있었습니다. 바울의 모습이지요. 흔히 바울이 전도모습이나 복음의 변증의 내용이 담긴 성경이 사도행전이나 로마서에만 있는 줄로 알고 있지만 바울서신 어디에서도 바울의 전도자의 모습은 드러난답니다. 그러나 특별히 데살로니가전서에서 전도자 바울의 모습이 명확히 나타나 있지요.

　먼저, 데살로니가 전서 1장에서, 바울은 데살로니가 교인들에게 편지를 쓰면서 그들을 칭찬하고 있습니다. 왜냐하면, 믿음의 역사가 있는 교인들이고 사랑의 수고가 있으며, 소망의 인내가 있는 교인들이기 때문입니다. 그 결과 그들이 가지고 있던 신앙에 대한 소문이 마게도냐와 아가야에 퍼졌고 그곳에 있는 믿는 자들의 본이 되었다고 언급하였습니다. 참

대단한 칭찬이 아닐 수 없습니다. 예수 믿기가 힘든 시대에서 복음을 듣고 믿어 하나님의 자녀가 된 것만으로도 위대한 일이지만, 그들은 자신들이 가지고 있는 믿음을 구사하여 하나님의 역사하심을 볼 수 있었던 자들이라는 것입니다. 또한 그러한 체험 속에서 사랑의 수고가 있었으며, 미래에 대한 소망을 가지고 현재를 인내하며 살 수 있었다는 것이지요. 요즈음에도 찾아보기 힘든 신앙의 본이 되는 모습이 아니겠습니까? 그런데 그렇게 위대한 신앙인들을 얻고 만들기 위한 전도자의 노력은 어떠했을까요?

바울은 이러한 데살로니가 교인들을 얻기 위하여, 첫째 세상적인 어떠한 불순물들이 섞이지 않도록 세상과 타협하지 않고 복음의 있는 그대로를 순수하게 그들에게 전하였다고 기록하고 있습니다(살전 2:3-6). 이러한 모습이 쉬울 것 같지만, 참 어려운 모습입니다. 전도자 역시 인간이기에 사람의 모습에 맞추어 사람을 기쁘게 하고픈 유혹도 들고, 또 조금만 말을 바꾸면 그들을 설득하기가 쉽다고 여겨질 때가 있기 때문입니다. 특별히 모든 사람들이 하나님 앞에서 죄인임을 가르쳐주어야 할 때는 그 말이 너무 강한 말이 될 수 있기에 은근히 돌려 슬쩍 넘어간다든지, 아니면 성경에 기록된 대로 직접적으로 표현하지 못 할 수가 많이 있습니다. 그러나 바울은 오직 마음을 감찰하시는 하나님만을 바라보며, 사람의 영광을 구하지 아니하였다고 하였습니다.

둘째는 유모가 자녀를 기르듯이 전하였다고 하였습니다(살전 2:7). 이미 언급한 첫 번째 조건만 지켜 복음을 전한다고 한다면, 전도자들을 매우 강하고 또 꺾이지 않는 지고함만 있어 보여 인간적인 정을 느낄 수 없는 사람으로 비쳐지기도 합니다. 그러나 바울은 마치 유모가 자녀를 키우 듯 사랑과 세밀한 보살핌으로 전도하였다고 하는 것입니다. 세상과 타협 하지 않는 영적인 강인함과 온유함이 함께 겸비된 것이지요.

셋째, 그들을 사랑하여 복음뿐만이 아니라 목숨까지도 줄 각오가 되 어 있었다고 합니다(살전 2:8). 이것이 진정한 복음전도자의 모습이지 않 을까요? 전도자들은 복음만전하고 끝나는 사람이 아니라 그들을 사랑하 기에 목숨까지도 줄 수 있는 각오가 있어야 한다는 것입니다. 그때 그 복 음을 들은 사람들이 진정으로 변화될 수 있는 것이지요.

넷째, 피전도자의 입장에서 그들에게 폐가 되지 않기 위하여 그들과 같이 일하며 전도하였다는 것입니다(살전2:9). 일방적으로 선포하고 끝난 것이 아니라, 그들의 삶의 현장 속으로 들어가서 그들이 거리낌 없이 받 아들일 수 있도록 복음을 전한 것입니다.

다섯째로는, 피전도자들의 본이 되기 위하여 바울 자신의 삶의 모습 을 거룩하고 옳고 흠이 없도록 노력하였다는 것입니다(살전 2:10). 항상 전도자는 피전도자들에게 먼저 모범된 삶을 보여주어야 전한 복음에 더 큰 능력을 드러낼 수 있기 마련인데 바울은 스스로 자신의 삶을 그렇게 절제하며 모범이 되도록 노력하였다는 것입니다. 마지막으로, 바울은 항 상 하나님이 영혼들을 행하여 부르시는 부르심을 바라보며 그 부르심에 합당하게 행하려고 노력하였습니다(살전 2:12). 피전도자들을 단지 복음 을 들어야할 대상만으로 바라보지 않고, 그들을 향한 하나님의 부르심을 바라보고 그 부르심에 합당할 수 있도록 노력하였다는 것입니다.

　사랑하는 여러분! 하나님은 지금 저와 여러분들을 향해서노 이와 같이 신앙의 본이 되는 온전한 사람들을 만들어가는 자격과 조건이 갖추어진 전도자가 되기를 원하십니다. 왜 열매가 맺혀지지 않느냐고 묻기 전에 먼저 전도자 자신을 돌아보십시오. 바울에게만 특별히 주어진 은사는 것이 아닙니다. 누구라도 이러한 하나님의 사람이 되기 위하여 노력한다면 가능한 일입니다. 우리의 기도와 노력을 통하여 신앙의 본이 되는 사람들을 만들어 가시지 않으시렵니까?

1. 데살로니가 교회 교인들을 향한 바울의 칭찬의 이유는 무엇입니까?

2. 데살로니가 교인들과 같은 위대한 그리스도인들을 만들기 위해서 전
   도자 바울은 어떠한 노력을 했습니까?

3. 전도자는 어떠한 사람이어야 한다고 생각하시나요?

5 - 2 "영혼을 세우는 전도자 바울의 세상살이"

사람들의 자신의 삶에서 변화와 새로움을 추구합니다. 지금의 모습에 만족하지 못하고 또 다른 변화를 원하는 것이지요. 그러한 모습은 신앙인에게 꼭 필요한 부분이기도 합니다. 날마다 변하여 예수님을 온전히 닮아가야 하는 모습이 있어야 하기 때문입니다. 그러면 어떻게 살아야 그새로움을 기대할 수 있을까요? 날만 새로워졌다고, 새로운 새해가 되었다고 내 삶의 새로움을 막연히 기대해도 될까요? 내가 새로움을 경험하지 못했는데, 남을 새롭게 변화시킬 수 있을까요? 이것이 전도자의 고민이기도 합니다. 그렇다면 실제로 어떻게 살 때, 새로운 변화를 경험할 수 있을까요?

전도자 바울의 삶을 예로 들고자 합니다. 전도자 바울의 삶에도 고난은 있었습니다. 아니, 우리가 상상하지 못할 환란의 연속에서 살았습니다. 바울 스스로도 자신의 삶을 표현하기를, "살 소망이 끊어졌다"(고후 1:8)고 말하였고, "사형선고를 받은 것과 같았다"(고후 1:9)고 표현하였습니다. 어떻게 보자면 우리의 삶과 비교가 안 될 정도로 힘들고 어려운 삶을 살았습니다. 그러나 바울은 그 고난 중에서도 신약의 교회들에게 편지를 보내어 오히려 사람들을 격려하고 세우는 삶을 살았습니다. 자신에게 새로움이 없었다면, 기쁨과 소망이 없었다면 불가능한 일이었을 것입니다. 바울에게도 큰 환란과 고난이 있었는데 그 속에서 어떻게 살았기에 그것이 가능했을까요?

첫째, 바울은 속사람의 새로움으로 겉 사람의 낡아짐을 이겨내었습니다(고후 1:16). 고난과 환란 속에서 겉 사람은 날마다 늙어가고 초라해져 갔을 것입니다. 그러나 그 겉 사람의 낡아짐을 속사람의 새로움으로 능히 이겨내었던 것입니다. 속사람이 새로워 질 때에만 겉 사람의 낡아짐을 능히 이길 수 있습니다.

둘째, 영원을 묵상하여 현재의 고난을 가벼운 것으로 만들었습니다(고후 1:17). 즉, 영원을 묵상하는 자에게는 현재의 고난은 결코 중한 것이나, 나를 짓누르는 것이 될 수 없었습니다. 그것이 바울에게 있어서 고난을 이겨내는 방법이었습니다. 고난은 늘 나에게 다가오지만, 영원을 묵상하는 자에게는 그 고난이 결코 중한 것으로 나를 엄습하지 못합니다. 영원의 소망이 고난보다 더 크기 때문입니다.

셋째, 보이는 고난에 주목하기보다, 보이지 않는 하나님과 하나님의 것들에 주목함으로 영원의 소망을 이어갔습니다(고후 1:18). 시간을 내어서 영원을 묵상하는 것도 중요하지만, 보이는 현실 속에서 영원을 떠올리는 것은 더 중요합니다. 우리는 현실 속에서 눈에 보이는 것에 집중해서 살아가기 때문입니다. 보이는 현실을 주목하지 않고, 보이지 않는 영원을 주목하며 산다고 하는 것은 훈련이 필요합니다. 즉, 앞에서 언급한 속사람의 새로움과 시간을 내어 영원을 묵상하는 행위가 지속적으로 있을 때

가능합니다. 바울은 이렇게 세상을 살았기에 고난과 환란의 극심한 속에서도 기쁨을 잃지 않고, 소망가운데 다른 사람들을 세우며 살아갈 수 있었던 것입니다.

사랑하는 여러분! 전도자 바울의 세상살이 방법은 오늘 이 시대를 살아가는 우리 그리스도인들의 세상살이가 되어야 하지 않을까요? 또한 전도자로 살아가는 전도자들이 세상을 이기며, 또한 자신을 이기며 살아가는 삶의 방식이 되어야 하지 않을까요? 그때 날마다 새로움을 경험할 수 있지 않을까요?

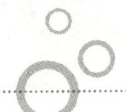

1. 속사람의 새로움으로 겉 사람의 낡아짐을 이겨내었다는 것을 무엇을 의미할까요? 생각해 보세요.

2. 영원을 묵상하여 현재의 고난을 가벼운 것으로 만들었다는 것은 바울이 어떻게 살았다는 것을 나타내 주나요? 생각해 보세요.

3. 보이는 고난에 주목하기보다, 보이지 않는 하나님과 하나님의 것들에 주목함으로 영원의 소망을 이어갔던 바울의 삶이 어떠한 것이었는지 생각해 보세요.

4. 나에게 변화와 새로움이 없다면 다른 사람을 변화시키는 것이 가능하겠습니까? 나에게는 어떠한 변화와 새로움이 있습니까?

5 - 3 "전도와 선교의 열정이 식어지지 않기를"

아프카니스탄에서 의료선교봉사단이 피랍된 지 몇 날이 지났습니다. 날마다 흘러나오는 뉴스에 귀를 세우고 그들의 신변에 어떠한 변화가 있는지, 협상은 잘 진행되고 있는지 알아보는 것이 생활의 일부가 되어 버렸습니다. 처음에 그들이 인질로 붙잡혔다는 소식을 들었을 때부터 마음이 굉장히 아팠습니다. 위험한 지역인줄 알았겠지만, 그리고 힘들고 어려운 지역인줄 알았겠지만, "땅 끝까지 복음을 전파하라"는 주님의 지상명령에 순종하여 달려간 그들을 생각하니 가슴이 미어지는 것 같았습니다. 한 번도 보지 못했어도 그리스도 안에서 한 형제 자매된 우리들이기 때문입니다.

그런데 그 시점부터 많은 비판적인 글들이 올라오고 기독교 신앙을 질타하는 방송이 나오기 시작하였습니다. 위험한 지역이라는 정부의 경고를 무시했다는 등, 한국 기독교인들은 남들이 가지 않는 곳과 위험한 지역에 선교를 가야 신앙이 우월하다는 평을 듣는다는 등, 이상한 신비주의적인 열기가 한국의 신앙인들을 선교라는 명목아래에 국가 분열지역으로 몰아넣는 다는 등... 물론 이러한 문제제기들은 적어도 교회 안에서 한 번은 점검하여 재정비해야 할 문제들이었습니다. 그리고 회개하고 고쳐야 할 부분들이 반드시 있습니다. 순수한 복음의 열정이 아닌 교세확장과 우월주의적인 선교는 지양되어야 바람직하기 때문입니다.

그러나 온라인상으로 올라오는 심각한 악플들은 (악의가 있는 글들) 교회는 물론이거니와 인질가족들에게 이중적이고 삼중적인 아픔을 주게 되었고, 급기야 청와대가 나서서 악플을 자제해 달라고 호소할 지경이 되었습니다. 이러한 악플들은 또 다른 분열과 아픔, 그리고 죽음을 낳기 때문입니다. 하지만 이 상황 속에서도 교회는 단지 침묵만하고 있을 뿐 그러한 악플에 대한 자제를 호소하지도 않고, 그렇다고 눈물을 흘리며 회개하는 모습도 보이지 않았습니다. 또한 비록 결과는 잘못되었다고 할지라도, 아프카니스탄으로 달려가게 된 젊은이들의 순수한 신앙의 동기와 그 정신을 대변해 주는 글들도 찾아볼 수 없었습니다. 답답하기 그지없었습니다. 그들을 파송한 샘물교회도 잠잠하였고, 또 수 없이 많은 선교단체와 교회들도 잠잠하였습니다. 들끓는 여론 앞에서 한번 잘못 이야기했다가 호된 신고식을 치루어야 될 것이 두려웠기 때문일 수 있습니다.

물론 여론에 맞서서 싸우자고 하는 것은 아닙니다. 여론의 문제의식들이 아주 잘못되었다고 하는 것도 아닙니다. 하지만 우리 기독교인들은 알고 있습니다. 왜 그들이 그 열악한 지역까지 달려갔는지 말입니다. '이웃을 사랑하는 마음으로 고통가운데 있는 형제자매들을 돕기 위해, 그리고 그 행동들이 매개가 되어 그들에게 가장 기쁨의 소식 복음을 전하기 위해서 달려갔다는 것을요!' 그러나 이러한 엄연한 사실을 알고 있는 한국교회가 아무런 말도하지 못하고 납작 엎드려 있습니다. 당사자인 샘물교회는 자신들이 그들의 입장을 대변하면 사회적인 파장을 몰고 올 수 있으니 잠잠할 수도 있습니다. 그렇다면 그렇게 선교를 강조하고 열방으로 선교사들을 파송하기 위해 훈련시키고 강조해온 교회와 단체들은 왜 잠잠하고 있습니까? 잠잠하게 있는 것만이 문제의 해결은 아닌 것 같습니다. 한국 교회의 잠잠함 속에서 기존의 성도들도 혼란스러워 하고 있기 때문입니다. 잘못하면, 선교란 국가에서 인정하는 장소에만, 그리고 문제를 일으키지 않는 지역에만 갈 수 있는 곳이라고 생각하게끔 만드는 계기가 될 수도 있을 것 같습니다.

하지만 생각해 보십시오. 드러나지는 않았지만 지금도 열방에서 복음을 전하다가 순교하고, 또 분쟁지역은 아니지만 종교가 다른 지역에서 그들을 위해 봉사하다가 선교사의 신분이 발각되어 모진 고문을 당하고 반죽음이 되어 풀려난 선교사님들도 얼마나 많습니까? 단지 그들의 문제가 국가적으로 이슈화되지 않았기에 문제의식을 가지지 않고 달려온 것 아닙니까? 또 그렇게 모든 국민이 관심을 갖지 않았기에, 교회 안에서는 그들의 간증을 들으며 눈물을 흘리고 그들을 축복하며 기도해주지 않았습니까? 그런데 이 사건은 모든 국민의 귀와 눈이 쏠려 있기에, 감히 그들을 축복한다고 말도 못하고, 그들의 순수한 동기조차도 드러내지 못하는 현실이 올바른 현실일까요? 6·25 전쟁이 일어난 후, 수 없이 많은 기독교 구호단체들과 선교사들이 안보가 확보되어 있지 못한 상태에서도 우리나라에 들어와서 목숨을 걸고 돕고 봉사한 손길로 우리가 많은 혜택을 입지 않았습니까?

그렇다고 그들의 행동 모두를 정당화 하고 옳다고만 하자는 소리가 아닙니다. 분명히 고치고 나아가할 부분이 있고, 또 눈물로 회개할 부분들이 있습니다. 그러나 저는 이 상황 속에서 교회의 잘못을 인정하며 눈물로 회개하지만, 교회가 이 땅에 존립하는 목적! 그리고 순수한 선교의 중요성들을 나지막하지만 용기 있게 말할 사람들이 필요하다고 생각합니다. 그것을 확실하게 말하지 못한다면 교회가 교회이기를 포기하는 것과 마찬가지일 수 있기 때문입니다. 충격적인 피납 소식이 들려왔을 때 첫날은 놀라움과 당황의 시간속이라 그 저간의 사정을 이해할 수 있다고 할지라도, 세상의 비난 속에서 몸 둘 바 몰라 하는 한국교회의 모습은 차라리 불쌍하기까지 합니다. 세상일이 다 그렇지만, 당황스러운 일이 일어날 때일수록 침착함을 잃어서는 안 됩니다.

이 사건의 중심은 종교문제가 중심에 있는 것이 아니라는 것을 직시하여야 합니다. 피납의 대상은 무작위였습니다. 한국인인줄 모르고 납치한 것을 우리는 다 알고 있습니다. 한마디로 한국인 인질들은 탈레반의 투쟁목표에 걸려든 외국인 목표였을 뿐 그들의 종교가 기독교였기에 붙잡힌 것이 아니라는 것입니다. 그런데도 교회는 침묵하고 있습니다. 물론 정부의 권고도 있었을 것이고, 이 단계에서 너무 자극적인 표출을 해서 행여 인질들에게 피해가 가지 않도록 하는 협조의 부탁도 있었을 것입니다. 그러나 아예 입을 다물고 있는, 그리고는 단지 그들이 무사히 돌아오기만을 기도하는 현 주소 앞에서 우리가 옳은 것인지 물어보아야 합니다. 이 사건이 매듭지어지면 다시 열방으로 선교하러 나가자고 외칠 것인가요? 어떠한 사건과 어떠한 환경 속에서도 주님의 지상명령은 유효합니다. 정부와 대립을 하자는 것도 아니고, 더 많은 희생을 내자는 것도 아니며, 어떠한 비판도 들을 필요가 없다는 것이 아닙니다. 적어도 지금까지 외쳤던 땅 끝 선교에 대한 정당성과 진실함만은 목소리를 절반정도로 줄여서라도, ㄱ 열정의 논리를 펼쳐 주어야 한다는 것입니다. 그래야 이 사건이 매듭지어지고 나서도 교회가 성도들에게 "모든 민족 만민에게 복음을 진하라"는 주님의 명령을 설득력 있게 외칠 수 있는 것이 아닙니까? 또 그래야만 인질들을 위한 우리의 기도가 세상과 다른 힘이 있을 수 있고 깊이 있는 눈물로 그들을 위해 중보할 수 있는 것 아니겠습니까?

교회가 선교에 대해서 뭇매를 맞자 "선교가 아니라 봉사였다" "국민들에게 너무 죄송하다" "교회라는 단어를 사용하지 말고 피납자들의 안전을 위하여 조용히 기도만 하자" "위험한 지역을 간 것이 너무 잘못되었다" 라는 표현들을 쏟아내고 있습니다. 그러나 이러한 말들은 교회가 해야 할 말들이 아니라고 생각합니다. 더 심각하게 이야기하자면 교회가 교회되기를 포기한 말과 같습니다. 왜냐하면 교회는 하나님의 말씀을 선포하면서 이 말씀은 어떠한 상황과 환경 속에서도 진리이며 성취되어가고 있기에 우리의 삶의 표준이 된다고 가르쳐 왔기 때문입니다. 물론 심려를 끼치고 국민들의 마음을 힘들게 한 점은 사과해야 마땅하지만, 그들의 순수한 열정과 마음을 대변해 주어야 할 단체가 교회와 기독교 공동체가 아닙니까? 한국교회는 대표들의 이름으로 미국정부와 의회 지도자들에게 협조서한도 보내고, 탈레반 세력에게 호소문도 보내고, 세계 유수의 평화와 봉사 단체들에게 협조성명도 보내고...최대한 노력의 자세를 보여야 합니다. 그래야 교회가 교회다워집니다.

하나님께서는 이러한 어려운 상황 속에서도 열방을 위해 일하고 계십니다. 열방의 모든 민족과 족속과 방언이 구원받기를 원하시고 계십니다. 배형규 목사가 탈레반에게 처형을 당했다는 소식이 나온 밤, 잠을 이루지 못했습니다. 신문의 기사들을 읽으며 많은 눈물을 흘렸습니다. 궁극적으로 그분이 하셔야 했던 일들이 내가 해야 할 일들이기에... 그렇기에 그 분의 죽음은 나의 죽음을 의미하기 때문입니다. 사랑하는 여러분! 세상이 여론으로 때리면 맞읍시다. 그리고 잘못했다고 비난하면 들읍시다. 그리고 반성도하고 재정비도 합시다. 그러나 선교의 순수한 본질마저 왜곡되고 동기의 순수성마저 무너지는 현실 앞에서는 성경이 말하고 있는 바를 붙잡고 나아갑시다. 성경은 우리에게 말하기를, '하나님께서는 열방의 모든 민족이 구원받기를 원하시고 지금도 그 일을 행하시고 계시다'고 말합니다. 그리고 그 일을 하나님의 구원을 체험한 우리가 하기 원하십니다.

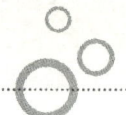

1. 상황과 여건이 어려워졌다고 주님의 지상명령이 중단될 수 있습니까?

2. 일을 잘하려고 하다가 겪게 된 시행착오에서 바람직한 자세는 어떠한 것일까요?

3. 나는 분명한 하나님의 뜻과 옳은 일에 생명을 다해 달려가 본 경험이 있습니까?

4. 규제가 있는 지역을 향한 가장 효율적인 선교는 어떠한 것이라고 생각하십니까?

5. 선교의 열정이 식어지지 않기 위해서 가장 중요하고도 필요한 일들은 무엇이라고 생각하십니까?

5 – 4 "한 사람을 살릴 수만 있다면"

어느 한 여름에 서울신학대학교에서 훈련시키는 학생들과 교회 청년들을 데리고 싱가포르로 비젼트립을 다녀왔습니다. 일주일 동안 싱가포르를 다녀왔다고 해서 싱가포르 땅이 변화되어지고, 또 이제는 우리가 할 수 있다는 자신감을 갖고 돌아온 것은 아니지만 우리 자신이 변화되는 경험을 하고 돌아왔습니다. 하나님께서는 그곳에서 먼저 우리를 기다리고 계셨고 또 친밀하게 만나주셨기 때문입니다. 하나님께서는 일상생활 속에서 하나님만을 바라보지 못했던 우리들을 6시간이나 비행기를 타고 여행하게 하시더니 전적으로 하나님께로만 집중하게 만드셨습니다. 그리고 준비하신 은혜를 부어주셨습니다. 그것이 가장 큰 은혜였습니다. 그러나 무엇보다도 가장 감사한 것은 열방의 영혼들을 향한 하나님의 마음을 알게 해 주셔서 감사했습니다. 하나님께서는 그곳에서 사역하시는 여러 명의 선교사님들을 만날 수 있도록 해주셨는데 그 선교사님들을 만나 강의를 듣고 교제를 하면서 가장 강력하게 남아 도전을 준 것이 영혼에 관한 문제였습니다.

생명보다도 더 중요한 것이 없는데, 지금 우리가 노력해서 죽어가는 한 영혼을 구원할 수만 있다면 무엇을 못하겠느냐는 것입니다. 예수님께서도 우리를 구원하시기 위하여 하늘의 보좌를 버리고 이 땅에 내려오셔서 친히 인간이 되어주셨는데, 그 은혜로 구원을 받은 우리들이 마찬가지로 죽어가는 영혼들을 구원하기 위하여 친히 그들의 문화와 생활, 고통 속으로 들어가서 그들을 구원해야 하지 않겠느냐는 것이었습니다.

특별히 말레이시아서 사역하고 계시는 선교사님은 일주일에 한 두 차례 꼭 전도할 날짜를 정해놓고 정기적으로 전도하고 계셨고, 한 달에 한번은 시골로 들어가셔서 전도하신다고 하였습니다. 그것도 복음의 불모지이고 개척의 가능성이 희박해 보이는 모슬렘들을 대상으로 말입니다. 그리고는 말씀하셨습니다. "모슬렘들도 복음을 듣고 구원받는 역사가 일어나고 있습니다. 그러나 모슬렘을 전도하기 위해서는 그들과 같이 되어야 합니다. 그들 속에 들어가서 전도하는 상황화가 필요합니다! 하지만 분명히 해야 할 것은 직접전도를 하고 복음을 전해야 그들이 예수를 받아들이고 구원을 받는다는 것이었습니다!" 우리 팀원들 모두는 선교사님의 강의와 간증을 듣고 참 많은 도전을 받았습니다. 신분이 발각되거나 조금이라도 의심스러움이 드러난다면 곧바로 붙잡혀가서 고문을 당하고 추방당하게 될 터인데도 그들을 사랑하는 마음으로 복음을 전하시는 멋진 선교사님들! 그들은 그곳에서 결코 화려하지 않은 조촐한 생활들을 하시고 계셨지만 영원을 바라보며 그 영원 속에서 열방이 만날 것들을 기대하시며 복음을 전하고 계셨습니다. 세상의 모든 것을 가지고 계신 것인 양 자신감과 충만함 속에서 사역하고 계셨습니다.

사랑하는 여러분! 한 사람을 구할 수만 있다면 무엇이든지 할 수 있어야 하지 않을까요? 생명보다 더 귀중한 것이 있을까요? 한국의 젊은이들이 아프가니스탄으로 달려가 어려움에 처하게 된 것도 생명 때문이 아니었습니까? 나를 구원하신 예수님은 우리가 이제 이 일을 감당하기를 원하시고 계십니다. 다른 누구가 아닌 바로 내가 말입니다. 우리는 충분히 성령의 능력 안에서 한 사람을 구원할 수 있는 충분한 하나님의 도구입니다. 눈을 들어 죽어가는 영혼들을 바라봅시다! 그리고 그 영혼들을 위해서 눈물 흘리고 기도하며 구원해 냅시다. 우리는 이 일을 감당하기 위해서 하나님이 세우신 도구입니다.

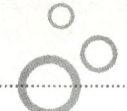

1. 생명보다 중요한 것이 없기에 생명을 구하는 일에 모는 노력을 디혜야 한다는 주장을 어떻게 생각합니까?

2. 비젼트립, 단기선교, 장기선교 등에서 가장 중요한 자세는 내가 무엇을 하겠다는 생각보다, 일상과 분리된 나를 하나님께 고정하고 하나님만 바라보는 일입니다. 그때 하나님을 만나고 하나님의 생각을 알게 되지요. 나의 삶에서 일상과 분리되어 하나님을 바라보는 시간을 가지고 있습니까?

3. 모슬렘을 전도하기 위한 가장 좋은 방법은 무엇이라고 생각하세요? 주의해야할 부분들은 어떠한 것들이 있을까요?

5 – 5 "한 영혼이 소중함을 깨닫고"

어느 겨울, 선교 팀을 인솔하여 오사카, 고베, 다까마쯔 지역으로 일본 비전 트립을 다녀왔습니다. 일본은 이미 다섯 차례 정도 선교여행을 다녀왔었지만, 갈 때마다 가슴이 두근거리고, 또 한편으로는 영적인 부담감이 컸습니다. 왜냐하면 영적인 불모지에서 우리 팀 전체가 하나님이 주시는 비전으로 가득 채워져서 돌아와야 한다는 부담감 때문이었습니다. 그러나 그 모든 짐들을 하나님께 내려놓고 하나님이 이끄시는 대로 움직일 것을 다짐하고 떠났습니다.

일본 땅에 도착하기까지의 여정은 쉽지만은 않았습니다. 월요일 새벽에 갑자기 내린 폭설로 비행기가 연착되어 2시 20분에 출발하여야 할 비행기가 오후 7시가 되어서야 출발하였기 때문입니다. 공항에서 거의 진이 다 빠진 상태였고, 다들 피곤해 했습니다. 여행이라면 도착해서 쉬면되지만, 영적인 전투를 동반한 선교여행이었기에 그 여파가 걱정되었습니다. 그리고 비행기의 연착으로 오사카에서 있을 선교사님들을 위한 집회도 취소되었습니다. 멤버들 가운데에서는 한 어린아이가 머리를 다쳐서 혹이 생기는 일까지 생겼습니다. 이렇게 영적인 방해가 심해본 적이 없었습니다. 혼자서 계속 기도하였고, 또 중보기도를 부탁하기도 하였습니다.

드디어 일본에 도착하여 지친 멤버들을 이끌고 숙소에 도착한 뒤, 먼저 영적으로 재무장하는 일이 필요하여 멤버들 전체가 간절히 기도로 부르짖은 후 첫 날 밤을 보내었습니다. 다음 날부터 일본에 있는 한인교회들과 일본 현지교회들을 방문하며 집회를 인도하고 찬양을 하며 기도하기 시작하였습니다. 대부분의 일본 현지인 교회나, 또 한인교회들의 규모가 작기 때문에 모인 인원은 많지 않았지만, 하나님께서는 한 영혼의 소중함을 가르쳐 주셨습니다. 어떤 교회에서는 숫자상으로 한 분, 두 분이 참석하기도 하였지만 그들을 위해서 찬양을 하고 기도하며 말씀을 선포하였을 때 눈물을 흘리며 회복되는 놀라운 일들이 있어지기도 하였습니다. 많은 인원은 아니었지만, 일본이라는 영적인 불모지에서 영적으로 지쳐있고 눌려있던 소수의 성도들이 세워지기 시작한 것입니다.

정말이지, 한 영혼이 천하보다도 귀하다는 말씀이 새삼스럽게 깨달아지는 시간이기도 하였습니다. 처음에는 성도들이 많지 않은 모습에 우리 팀들도 당황해 하기도 하였지만, 곧 한 영혼을 끌어안고 눈물을 흘리며 기도하는 모습들로 바뀌어가기 시작하였습니다. 한 영혼만을 위해서 우리가 보내어졌다고 할지라도 감사할 수 있었습니다. 그 한 영혼을 통해 또 다른 영혼들을 세우실 수 있다는 소망을 가질 수 있었습니다. 그리고 그러한 모습들 속에서 성령님께서는 우리 팀원들의 각자를 만지시고 회복하시며 부흥을 주시기 시작하였습니다. 한편으로는 일본의 성도들이 세워지고, 또 다른 한편으로는 우리 팀원들이 세워지는 시간들이었습니다.

그리고 팀원들 속에서 서로가 서로를 돌아보는 시간들이 있어지기 시작하였습니다. 5살부터 70세 고령까지 이번 선교 팀은 그야말로 다양한 세대가 어우러져 있었습니다. 그 세대들이 서로를 돌아보고 세우는 시간들은 성령 안에서 모든 막힌 담이 허물어지고 하나되는 놀라운 시간이었습니다. 할렐루야! 얼마나 감사하였는지 모릅니다. 선교여행을 하며 가장 귀하게 깨달은 것이 있다면 물량주의에 나도 모르게 동화되어 한 영혼의 소중함을 잊어가고 있었는데, 천하보다도 귀한 한 영혼의 소중함을 알고 품고 돌아왔다는 것입니다. 여러분! 한 영혼의 소중함을 알아 그 영혼을 품고 눈물을 흘릴 수 있는 우리가 됩시다!

1. 나는 나도 모르는 사이에 영적인 물량주의에 빠져 있지는 않습니까?

2. 한국 교회가 영적인 물량주의에 빠져 교인들의 숫자로 교회를 평가
   하고 성장만을 추구하는 일에 대해서 어떻게 생각하세요?

3. 한 영혼의 소중함 때문에 감사하고 울어본 적이 있습니까?

4. 원치 않는 물량주의로 빠져 들어가고 있는 나와 교회를 컨트롤할 수
   있는 가장 좋은 방법은 무엇이라고 생각하십니까?

5 - 6 "사람이 죽어 가는데 잘 수 있나요?"

어느 전도 동영상을 보면서 도전 받은 일이 계속 떠올라 전도자를 훈련시키며 나누던 중, 많은 사람들이 도전받고 은혜 받는 일들이 있었습니다. 너무나 단순한 진리이고 사실인데 인식하고 있지 못하던 것들이었습니다. 그 동영상의 내용은 다음과 같습니다.

어느 목사님 가족이 승용차를 타고 여행을 떠났습니다. 그런데 한적한 도로를 가던 중, 뒤에서 오던 차가 추월하여 과격히 앞질러 가는 것이었습니다. 깜짝 놀랄만한 일이었지만, 어떠한 사고도 일어나지 않았고 다행히 놀란 가슴만 쓸어내리면 되는 일이라 그렇게 차를 계속 운전하였습니다. 그런데 비탈을 지나 커브를 돌면서 끔찍한 한 장면을 보게 되었습니다. 그것은 바로 좀 전에 목사님 가족이 탄 차를 앞질러 추월했던 차가 커브를 돌면서 다른 차와 부딪혀 난간의 보호대를 박고 찌그러져 있는 것이 아니겠습니까? 그 속에서는 사람들의 비명소리와 이미 사망한 듯 보이는 사람들의 시신, 그리고 핏자국이 여러 곳에 퍼져 있었습니다.

처음으로 이러한 광경을 목격하게 된 목사님과 아이들은 그 장면 앞에서 어쩔 줄을 몰라 했습니다. 단지 몇 분 사이에 사람의 운명이 갈라진 것입니다. 목사님과 사모님은 이제 초등학교 저학년인 자녀들을 다독이면서 목적지에 도착했습니다. 그리고는 기도를 하고 각자 잠자리로 들여 보냈습니다. 혹시나 하는 마음으로 자녀들의 방을 열어보았던 목사님과 사모님은 아직도 자지 않고 흐느끼고 있는 아이들을 발견하였습니다. 목사님이 그 아이들을 껴안고 다독이며 물었습니다. "왜 울고 있니? 잠이 오지 않는 거니?" 그러자 한 아이가 크게 울음을 터뜨리며 외쳤습니다!

"사람이 죽어 가는데 잠을 잘 수가 있나요?"

그렇습니다. 복음전도 사역의 핵심이 여기에 있습니다. 죽어가는 사람을 살리는 것이 바로 복음전도라는 것입니다. 예수 그리스도의 복음을 듣고 구원을 받은 우리들은 이미 세상의 사람들을 구원할 방법을 알고 있는 사람들입니다. 그런데 사람들이 죽어 가는데 쳐다만 본다면 영적인 직무유기가 아니겠습니까? 그것도 분명히 살릴 수 있는 방법을 알고 있고, 이미 주님께서 능력도 주셨는데 말입니다!

사랑하는 여러분! 영적인 안목으로 세상을 바라보십시오! 많은 것들을 볼 수 있겠지만, 사람들이 죽어가는 모습이 보여지지 않습니까? 죽음을 향하여 달려가는 사람들이 보이지 않습니까? 그런데 나는 어떻게 하면 그들을 살릴 수 있는지를 아는 사람입니다. 그런데도 입을 열지 못하고, 또 달려가지 못한다면, 그들의 죽음의 책임이 우리에게도 일말 있지는 않겠습니까? 전도를 어렵다고 하지 마세요! 그저 죽어가는 사람들을 향하여 살 수 있는 방법을 외치기만 하세요! 전하기만 하세요! 그러면 그 소리를 듣고 살아나는 사람들이 생겨날 거예요. 너무 잘하려고도 하지 마세요. 사람이 죽어 가는데, 급하게 살려야 하는데, 잘하고 못하고가 어디 있습니까? 그 사람들을 사랑하는 마음으로 외칠 수만 있다면 살아날 수 있습니다.

하나님은 지금도 죽어가는 사람들을 살리기 위해서 일하고 계십니다. 그리고 예수 그리스도 안에서 먼저 살아난 우리들이 하나님의 시각을 가지고, 하나님의 마음을 품어 하나님이 원하시는 곳으로 달려가 살 수 있는 방법을 전하기 원하십니다. 사람을 살리는 일보다 더 중요한 일이 어디에 있습니까? 사람이 죽어 가는데 잘 수 있습니까? 사람이 죽어 가는데 다른 어떤 일들을 먼저 할 수 있습니까?

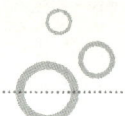

1. 사람이 죽어간다면 그 소리를 들으면서도 편히 잘 수 있습니까? 지금 죽음을 향해 달려 가며 아우성치는 영혼들의 소리를 들 수 있습니까?

2. 죽어가는 사람을 살릴 수 있는 방법을 알고 있는데, 죽어가는 사람을 방치하고만 있다면 나는 올바른 사람일까요?

3. 죽어가는 사람에게 살아날 수 있는 방법만 전하고 말하는 것이 복음 전도의 기본이라면 그것은 너무 쉬운 일이 잖습니까? 왜 우리는 쉽게 못하고 있는 것일까요?

4. 사람이 죽어가는 모습을 목격한 목사님과 아이들의 차이점은 무엇입니까? 나는 누구를 닮아 있다고 생각하나요?

"하나님 나라"에 관한 보다 깊은 묵상

6 – 1 "하나님 나라가 임하시오며"

　저는 12월만 되면 가슴이 뜁니다. '왕이 오시네' 라는 경배와 찬양 팀의 찬양을 듣고 있다가도 갑자기 눈물이 주르르 흐릅니다. 마치, 멀리 출타하셨던 부모님이 다시 집에 돌아오시는 날 같아 기다려지기도 합니다. 이러한 저의 마음이 때로는 너무 과장된 것일 수 있다는 생각을 합니다. 이미 예수님께서는 이천년 전에 이 땅에 오셨고, 우리를 회복하시기 위한 모든 일들을 이루어 놓으셨는데, 그분의 오심을 기대하며 기다린다고 하는 것이 신학적으로, 성경적으로 옳지 않다는 생각이 떠오르기 때문입니다. 하지만 12월만 되면, 제 마음 속에는 마치 들에서 양을 치던 목자들이 메시아를 기다린 것처럼 그분이 기대되고 기다려집니다. 또한 메시아를 찾아 먼 길을 떠나 예수님을 찾아왔던 동방 박사들처럼 마음이 설렙니다. 그분이 오셔서 내 마음에 천국을 이루어주시고, 미처 내가 알지도 못하며 꾹꾹 눌러왔던 나의 슬픔과 아픔을 들춰내시며 위로해 주실 것만 같기 때문입니다. 이러한 저의 마음이 잘못된 것일까요?

이것에 관하여 조용히 묵상하다가 깨달은 것이 있습니다. 그것은 제 마음이 유독히 12월만 되면 예수님을 더 그리워한다는 것이지요. 아마도 대강절이라는 분위기, 그리고 크리스마스라는 절기 때문에 더 그러한 것 같습니다. 그러나 그러한 마음이 잘못된 것은 없습니다. 그만큼 예수님을 만나길 소원한다는 이야기지요. 아마도 제 마음 안에는 예수님이 만져주셔야 할 상처 난 많은 부분들과 말하지 못한 억눌림도 있는 것 같습니다. 그래서 아이가 부모를 기다리듯이, 제 마음이 예수님을 더 갈망하는 것 같습니다.

그러면 예수님을 향한 이 마음은 어떻게 충족시킬 수 있을까요? 그냥 이러한 마음만을 가지고 예수님을 그리워하다가 끝나야 하는 것일까요? 그렇지 않습니다. 이천년 전 목자들이 예수님을 만나고 기뻐했듯이, 동방의 박사들이 예수님을 만나고 경배했듯이, 예수님을 만나서 기뻐하고 경배하며 감격에 벅차서 울 수 있는 방법이 있습니다. 예수님을 향한 제 마음의 그리움을 해결할 수 있는 방법이 있다는 것입니다. 그것은 한마디로 말하자면 '하나님 나라'가 이 땅에 임하게 하는 것입니다. 즉, 하나님 나라를 경험하는 것이죠. 하나님 나라를 경험한다는 것은 하나님의 통치가 이 땅에 있게 하는 것입니다.

그렇다면 언제, 어떻게 하면 하나님께서 내가 있는 이곳을 통치하실 수 있을까요? 하나의 방법을 말씀드리자면, 주님이 임재하시면 됩니다.

주님이 임재하시는 곳에 주님의 통치가 있고, 또한 그곳이 하나님 나라가 될 수 있기 때문입니다. 하나님 나라가 임하는 곳에는 "기쁨과 평안"이 있습니다. "하나님의 나라는...오직 성령 안에 있는 의와 평강과 희락이라"(롬14:17)고 성경이 말하고 있기 때문입니다. 더 이상 힘들어하지 않아도 됩니다! 더 이상 외로워하지 않아도 됩니다! 그리고 더 이상 억눌려 있지 않아도 됩니다! 주님이 임하셔서 하나님 나라를 경험하게 되면 그곳에서 위로와 평안을 누리며 기쁨을 누리게 될 수 있기 때문입니다. 예수님께서도 당신의 공생애 최초의 메시지를 하나님 나라에 관해서 말씀하셨습니다. "회개하라! 천국이 가까이 왔느니라!"(마 4:17)로 외치셨기 때문입니다. 이 말씀의 중요한 의미 중에 하나는, 예수님의 사역과 동시에 이제는 이 땅에서도 하나님의 나라를 누릴 수 있게 되었다는 것입니다.

그래서 유독히 대강절이 있는 12월에는 이렇게 기도합니다! '하나님 나라가 오게 하소서!' '하나님 나라가 임하시옵소서!' 이러한 기도가 대강절의 의미를 강화시키고 그 의미를 경험할 수 있는 기도의 내용이 아닐까요?

1. 동방박사가 예수님을 만났듯이 우리가 이 땅에서 예수님을 만날 수 있는 방법은 무엇입니까?

2. 하나님 나라를 도래하게 하는 가장 쉬운 방법은 무엇입니까? 왜 그 렇습니까?

3. 하나님의 나라는 이 땅에서 누릴 수 있는 나라가 맞습니까? 그렇다 면 죽어서 가는 하나님 나라와 어떠한 차이가 있습니까?

6 – 2 "세상을 넉넉히 이기는 하나님의 나라"

요즈음 제가 가장 많이 묵상하는 주제가 '하나님 나라'입니다. 하나님의 나라는 어떠한 나라인가? 그리고 어떻게 이 땅에서 경험할 수 있는가? 왜 이것이 중요한가? 등입니다. 이미 예수님께서는 2,000년 전에 이 땅에 오셔서 공생애를 시작하시면서 "회개하라! 천국이 가까이 왔느니라!"고 선포하셨습니다. 예수님의 공생애의 첫 번째 메시지가 바로 하나님 나라에 관한 메시지였던 것입니다. 하나님의 나라가 너무 중요한 메시지의 내용이었기에, 그리고 이것을 선포하시고 경험하며 누리게 하기 위해서 이 땅에 내려오셨다고 해도 과언이 아닐 것입니다. 왜 예수님은 공생애의 시작을 하나님의 나라의 선포로 시작하셨을까요? 여기에 어떠한 의미가 있을까요?

첫째, 하나님의 나라는 우리가 죽어서 가는 나라가 아니라는 것입니다. 물론 완전히 우리의 손으로 잡을 수 있고 눈으로 볼 수 있으며 누릴 수 있는 하나님의 나라는 사후에 가능한 것이겠지만, 예수 믿고 하나님의 자녀가 된 뒤로부터는 누구나 이 땅에서 누릴 수 있는 나라가 하나님의 나라입니다. 그러므로 하나님의 나라, 즉 천국을 이 땅과 분리하여 생각하지 말아야 합니다.

둘째, 하나님의 자녀들은 하나님의 나라를 이 땅에서 경험하며 살아야 합니다. 그것이 이 세상을 넉넉히 이겨 나갈 수 있는 힘입니다. 세상을 이기는 힘은 특별한 은사나 능력에 있지 않습니다. 이 세상과 다른 하나님의 나라를 갈망하고 경험하며 그 안에서 살아갈 때에 세상과 달리 살수 있습니다. 세상과 달리 살아가는 것이 세상을 이기는 힘입니다. 이 세상은 자신이 할 수 없는 다른 것, 세상과는 다른 삶을 두려워하고 존중합니다.

셋째, 하나님의 나라를 경험하고 누리며 산다고 하는 것은 주님의 임재, 그리고 성령의 인도하심을 경험하고 그 가운데 사는 것을 말합니다. 이 땅에서 하나님의 나라는 보여지고 잡혀지는 대상으로 존재하는 것이 아니라, 하나님의 임재로 그분의 통치가운데서 그 나라를 맛보는 것을 의미합니다. 누구든지 주님의 임재를 날마다 경험하며, 성령의 인도하심 속에서 살아간다면 비록 이 땅에 살고 있을 지라도 그 사람의 삶은 천국의 삶일 것입니다.

또한 예수님께서 공생애의 첫 번째 메시지를 하나님의 나라로 선포하신 중요한 이유 중에 하나는 이 땅에 있는 하나님의 자녀들에게 기쁜 소식을 전해주고 싶으셨기 때문일 것입니다. 이제는 더 이상 한계를 가지고 외롭고 괴롭게 살아가지 않아도 된다고 하는 것입니다. 돈이 없어도, 로마가 지배해도, 외톨이로 몰려도, 몸이 아파도 기뻐할 수 있다는 것입니다. 하나님의 나라가 이미 시작되었기 때문입니다. 그리고 누구나 회개하여 돌이키면 경험할 수 있는 것이기 때문입니다. '더 이상 한계 속에서 살지 말아라! 더 이상 울면서, 괴로워하면서 살지 말아라! 하나님의 나라가 시작되었고 누구나 누리며 살 수 있기 때문이다!'이미 2000년 전에 외쳐진 메시지입니다. 새로운 메시지가 아닙니다. 우리는 하나님의 나라를 누리며 살아가고 있습니까? 넉넉히 세상을 이기며 살아가고 있습니까?

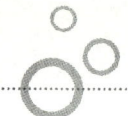

1. 예수님께서 공생애 첫 번째 메시지를 하나님 나라에 관해서 전하신 이유들을 생각해 보세요.

2. 하나님 나라를 경험하며 살아가는 삶이 세상을 넉넉히 이기는 힘이 되는 이유를 생각해 보세요.

3. 왜 세상은 세상 속에 살지만 세상과 다른 삶을 살아가는 사람들을 두려워할까요?

4. 회개와 하나님 나라와의 관계를 생각해 보세요.

6 – 3 "어린이와 하나님 나라"

우리가 구원을 받은 후, 이 땅에서 신앙생활하며 살아가면서 부딪히는 중요한 문제 중에 하나가 어떻게 하면 하나님의 나라를 지속적으로 누리며 살아갈 수 있는가의 문제입니다. 하나님의 나라를 누릴 수 있다면 이 땅에서의 고통과 염려, 걱정을 초월하여 그 하나님 한분만으로 기뻐하며 감사하며 살아갈 수 있기 때문입니다. 그리고 하나님이 임재하시는 그곳이 천국이기 때문입니다. "높은 산이 거친 들이 초막이나 궁궐이나 내 주 예수 모신 곳이 그 어디나 하늘나라!" 라는 찬양의 가사가 있듯이 말이지요.

성경에는 하나님 나라를 누리며 살아갈 수 있는 방법들이 제시되어 있습니다. 그 가운데에도 예수님은 어린이와 하나님 나라를 비교하시며 하나님 나라를 설명해 주신 적이 있습니다. "어린이와 같지 않으면 천국에 들어갈 수 없다"(마 18:3)고 하셨고, "천국이 이런 자들의 것이라"(막 10:14)고 하셨지요. 이 말은 어린이와 같아야 구원을 얻는다는 말로도 해석될 수 있지만, "천국에 들어간다" "천국이 이런 자들의 것"이라는 표현은 하나님 나라를 이 땅에서 누리는 것으로도 해석될 수 있습니다. 하나님 나라를 누리를 것은 그 하나님 나라 안으로 들어가는 것을 의미하고, 천국에 적합한 자들이 어린이들이라면, 그러한 사람들이 천국을 경험할 수 있다는 말이기 때문입니다. 그렇다면 예수님은 어린이들의 어떠한 면을 강조하시면서 그것이 하나님 나라를 경험하는 중요한 요소가 됨을 설명하고 계신 것일까요? 아니, 어른들의 어떠한 면들 때문에 하나님 나라를 경험하지 못함을 지적하고 계신 것일까요?

코울즈 박사(Robert Coles, 하버드 대학교의 어린이 심리학자)는 어린이의 가장 중요한 특징이 호기심이라고 하였습니다. 그런데 그 호기심은 무엇을 알고자 하는 것보다, 궁극적인 것에 대한 관심이라고 말하였습니다. 그리고 호기심을 가진 아이들은 질문을 하는데, 그 질문을 통하여 '어떻게 이런 일이 가능할까?'라는 질문에서 '이렇게 하신 분을 누구일까?'라는 신비의 종교적 대상의 질문으로 바뀌게 된다고 하였습니다. 그래서 아이들에게는 종교심이 어른보다도 풍부하다는 것입니다. 실제로 아이들의 삶을 돌아보면, 그때만큼 신적이고 종교적인 이야기나 상상의 이야기를 듣고 좋아했던 적도 없습니다. 그러나 성장하게 되면서 점점 사람들은 덜 종교적이게 되어갑니다. 그리고 현실적인 감각과 문제만 늘어가게 되지요. 아마도 예수님은 그러한 어른들을 향하여 아이들과 같은 하나님에 대한 관심과 궁금증, 그리고 열망이 있어야 하나님 나라를 경험할 수 있음을 지적해 주신 것이라 할 수 있습니다. 이것이 우리에게 순수하게 회복되어야 합니다. 우리에게 하나님 나라에 대한 궁금증, 열망, 그리고 기대가 있습니까? 초대교회의 성도들과 같이 "마라나타! 주 예수여 오시옵소서"와 같은 천국의 기대가 있습니까? 천국은 그러한 자들의 것입니다.

캄프 박사는(Diane Kamp, 예일대 출신, 소아 암 전문 의사 [천국으로 가는

창문: 어린아이가 죽음을 맞이하였을 때] 저술) 주로 성인들이 일반적인 지식의 습득에 관심이 있고, 종교적인 것이라 할지라도, 율법적인 것이나 규례에 관심이 있는 반면에, 아이들은 그것은 넘어 도덕적인 것에 관심을 가지고 있다고 하였습니다. 즉 현상을 넘어 초월적인, 시공을 넘어 우주적인, 인간의 관계를 넘어 신과의 관계에 대한 영적인 관심을 기본적으로 가지고 있다고 하였습니다. 우리 성인들이 너무 현실적인 것에 매여 있습니다. 우리를 늘 넘어뜨리는 것도 현실의 문제 입니다. 그리고 우리를 일깨우고 세워주는 것도 현실의 승리입니다. 그런데 그렇게 현실에 얽매여 있는 사람들은 하나님 나라를 이 땅에서 경험할 수 없습니다. 하나님의 나라는 현실을 넘어선 나라이기 때문입니다. 그러므로 예수님은 어린이들에게 있는 이러한 우주적이고도 신비한 영적인 세계에 관한 관심을 보이라고 지적하신 것이라 할 수 있습니다. 사랑하는 여러분! 어린이들을 바라보면서 우리가 배워야 할 부분을 배우며 예수님의 가르침을 받들어 하나님 나라를 깊이 있게 경험해 봄이 어떨까요?

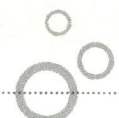

1. 왜 예수님은 어린아이와 같지 않으면 천국에 들어갈 수 없다고 하셨을까요? 어린아이와 하나님 나라의 비밀은 어떠한 관계가 있는 것입니까?

2. 코울즈 박사가 지적한 어린아이의 특징은 무엇입니까? 그것이 하나님 나라와 어떠한 관련이 있나요?

3. 캄프 박사가 지적한 어린아이의 특징은 무엇입니까? 그것이 하나님 나라와 어떠한 관련이 있나요?

4. 나는 현세적인 문제에 더 관심이 있는 사람입니까? 현세를 넘어선 하나님 나라에 더 관심이 있는 사람입니까?

6 – 4 "하나님의 꿈"

'하나님의 꿈'이란 말은 잘 어울릴 것 같지 않은 어구입니다. 왜냐하면 '꿈'이란 유한한 인간이 무한한 미래를 바라보며 이루고 싶은 소망을 표현하는 단어이기 때문입니다. 그래서 그 꿈은 소망하는 대로 이루어 지기도하지만, 그냥 꿈 자체로만 끝나버리는 경우도 허다합니다. 그러므로 꿈이란 한계 있고 유한한 인간이 자기의 능력을 넘어선 무엇인가를 바라고 소망하는 것이라고 생각할 수 있습니다.

이에 반하여, 우리 하나님은 무한하신 하나님이시고 전능하신 하나님 이십니다. 불가능하신 일이 전혀 없으십니다. 그렇기 때문에 어떠한 것을 꿈 꿀 필요가 전혀 없으신 분이십니다. 마음먹은 것은 다 이루실 수 있는 분이시기 때문입니다. 그러나 그 하나님에게도 꿈이 있으십니다. 유독히 인간에게 있으십니다. 하나님께서 마음대로 하실 수 없으셔서가 아닙니다. 능력이 없으셔서가 아닙니다. 인간을 하나님처럼 자유의지의 존재로 만들어 놓으셨기 때문입니다. 로봇으로 만들지 않으셨기에 하나님 마음대로 조종할 수도 없습니다. 그만큼 인간을 사랑하시고 인격적으로 대우하시는 모습이 여기에 고스란히 묻어납니다.

이같은 하나님의 사랑 때문에, 하나님은 다른 한편으로 사랑앓이를 하고 계십니다. 자기 멋대로 사는 인간 때문 입니다. 하나님의 창조를 목적을 잊은 채, 하나님을 전혀 자신의 안중에 두지 않은 채, 끝을 향해 달려가는 인간 때문 입니다. 차라리 그 인간을 사랑하지 않는다면 사랑앓이도 없을 테지만, 죽도록 사랑하기에 죽도록 아파하고 계신 깃입니다.

그래서 하나님께도 꿈이 생겼습니다. 전능하셔서 모든 것을 하실 수 있는 그 분께서 인간을 향한 간절한 꿈이 생겨난 것입니다. 그 꿈은 하나님의 형상과 모습대로 창조된 인간이 창조된 목적대로 회복되어 재창조되는 일입니다. 그래서 창세기 1장과 2장의 내용이 계속적으로 이어지기를 원하는 것입니다. 창세기 3장의 죄 때문에 단절된 인간을 향한 하나님의 근원적인 계획이 다시 2장의 하반부와 연결되어 진행되기를 원하시는 것입니다.

처음에 '하나님의 꿈'이란 단어를 생각하였을 때 참 신선했습니다. 그러나 그 신선함도 오래가지 못하고 아픔이 밀려오기 시작했습니다. 못하실 일이 전혀 없으신 하나님께 꿈이란 말이 어울리지 않기 때문입니다. 그 꿈이란 단어를 사용해야 할 만큼 하나님은 인간을 사랑하시기 때문입니다. 그러나 또 한편으로 보자면, 꿈이라는 단어를 사용해야 할 만큼 인간은 여전히 하나님께 반항하고 하나님의 뜻을 거슬리고 있습니다. 그래서 하나님의 아픔이 된 것입니다.

이제 마음을 다져봅니다. 하나님의 꿈을 성취시켜드리겠다고 말입니다. 그 하나님의 꿈을 이뤄드리고자 자신과 부단히 씨름하겠지만, 또 열방의 영혼들을 위해서도 더 많이 노력할 것을 다짐합니다. 여러분은 어떠세요? 사랑하는 사람에게는 하늘의 별도 따다주고, 달도 따다가 준다고 하는데 나를 위해 목숨을 버리신 아버지의 꿈을 이루어드리는 것이 마땅하지 않은가요?"너희는 먼저 그 나라와 그 의를 구하라. 그리하면 이 모든 것을 너희에게 더하시리라!"(마 6:33)

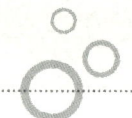

1. '하나님의 꿈'이라는 어구가 하나님께 어울리지 않는 이유를 생각헤
   보세요.

2. 하나님이 꿈을 가지시게 된 이유가 있다면 무엇이라고 생각하세요?

3. 하나님의 사랑과 하나님의 꿈의 상관관계를 생각해 보세요.

4. 인간을 향한 하나님의 궁극적인 꿈은 무엇입니까?

오늘날 한국의 교회는 죽어가고 있다고 많은 사람들이 말하고 있습니다. 교회가 죽어가고 있는 증거로, 세상의 빛과 소금이 되어 세상을 변화시키고 있지 못하다는 것이지요. 세상을 바꿀 수 있는 힘과 능력이 있는 곳이 교회인데 교회가 세상을 바꾸지 못하고 오히려 세상의 걱정거리가 되고 있다면 교회가 그 힘과 능력을 잃어가고 있다는 증거가 아닐까요? 그래서 많은 분들이 걱정하고 있습니다.

교회가 위기라는 증상은 또 다른 곳에서도 감지됩니다. 작년 겨울에 미래목회포럼에서는 "종교간의 인구이동에 관한 연구"라는 주제로 포럼을 열었습니다. 독일에서 공부한 종교 사회 학자가 근 5년 이상의 한국의 기독교와 천주교, 불교를 중심으로 종교 인구 이동에 관해서 조사한 것을 발표하고 토론하는 자리였지요. 그 자리에서 깜짝 놀랄만한 결과를 알게 되었습니다. 먼저, 한국 땅에 살고 있는 비종교인들이 종교를 가져야 하겠다고 생각을 하게 되는 경우, 그 종교욕구의 이유는 '삶의 의미와 가치'를 알기 위해서라는 결과가 나왔습니다. 70-80년대만 하더라도 종교욕구의 1위는 '축복, 잘사는 것' 때문에 종교를 가져야겠다고 생각했었는데, 이제는 그것이 아니라, '삶의 이유와 가치'를 알기 위해서 종교를 갖기 원한다는 것이지요. 그렇다면 어떠한 종교가 '삶의 의미와 가치'를 가르쳐 줄 수 있다고 생각하느냐는 질문으로 앙케이트를 했는데 1위가 기독교였습니다. 참 반갑고 놀랄만한 결과였습니다. 그런데 근 5년 이상 종교 간의 인구이동에 관한 조사의 결과를 보니, 불교는 성장하였고 천주교도 성장하였는데 기독교만 마이너스 성장을 하게 된 것을 알게 되었습니다. 저는 전도학자로서 이러한 결과에 대해서 논평을 해야 했습니다.

제가 진단한 것은 간단합니다. 지금 이시대의 사람들은 삶의 의미와 가치를 알기 위하여 종교를 갖기 원하고, 그러한 종교로서 사람들은 기독교를 꼽았지만, 기독교가 근 5년 간 마이너스 성장을 기록한 이유는 기독교의 본질을 올바로 전하지 못한데 있다는 것입니다. 성장만을 위해서 달려오다 보니, '내가 누구이고, 어디서부터 와서 무엇하고 살다가 어디로 가야 하는지'를 가르쳐줘야 할 본질에서 많이 이탈되어 있다는 것입니다. 이것이 오늘날 기독교의 문제라는 것입니다. 본질을 잃은 기독교는 쇠퇴할 수 밖에 없습니다. 오늘날 교회는 건물을 자랑하고 숫자를 자랑하며 돈을 자랑하기는 하더라도, 기독교 고유의 본질인 복음을 자랑하지 못하는 시대가 되어버렸습니다. 복음은 그저 저변에 감추어져 있는 어떠한 바탕으로만 생각되고 있는 것입니다. 이것이 문제인 것입니다. 그렇기에 교회에 위기가 오고 어려움이 오며 세상을 바꿀 능력을 상실하게 되는 것입니다.

그러나 위기는 기회입니다. 기독교 역사를 보면, 영적인 부흥은 항상 밑바닥에서 시작되었습니다. 밑바닥까지 내려가지 않고는 다시 일어서야하겠다는 각오를 갖지 못하기 때문입니다. 이제 한국교회는 하나님의 부흥을 경험할 때입니다. 세상적인 눈과 기준, 그리고 인간적인 경험으로 본다면 가장 큰 위기일 수 있고 또한 어려움일 수 있지만, 하나님은 바로 이러한 밑바닥의 상황에서 그 밑바닥을 보며 가슴을 치며 회개하고 부르짖는 자들을 세우셔서 영적인 영향력을 끼치며 부흥의 불을 붙여갈 수 있습니다. 성경을 보나, 기독교 역사를 보더라도 부흥의 불길이 일어났을 때는 영적으로, 도덕적으로 가장 밑바닥에 있던 시간이었습니다. 그러나 그 밑바닥에서 현실을 보며 기도하는 자들이 일어났을 때 하나님께서 부흥을 허락하셨습니다. 실제로 이러한 부흥을 기대하며 준비하는 사람들이 늘어가고 있습니다. 곳곳에서 영적인 각성과 부흥을 위한 집회가 이어져가고 있고 눈물을 흘리며 조국의 부흥을 위해서 기도하는 자들이 늘어가고 있습니다. 하나님께서는 분명히 이러한 기도를 들으시고 응답하실 것을 확신합니다.

사랑하는 여러분! 이제 우리가 부흥을 준비하는 자들이 되어야 합니다. 분명히 시기를 보던지, 한국교회가 처한 상황을 보던지, 어떠한 것을 살펴보더라도 하나님께서 하나님 나라의 부흥을 주실만한 시기가 되었음이 분명합니다. 그러므로 준비해야 합니다. 준비하는 자들은 그 하나님 나라의 부흥에 동참할 수 있습니다. 그리고 하나님 나라의 부흥을 전파하는 도구가 되어 질 수 있습니다. 부흥이 일어나도 준비가 되지 않으면 구경꾼이 될 수밖에 없습니다.

1. 하나님께서 한국교회에 부흥을 주실만한 상황이 되었음을 어떻게 알수 있습니까?

2. 한국교회가 위기라는 증상이 어떻게 나타나고 있습니까?

3. 교회의 성장과 본질에 충실한 건강은 어떻게 보조를 맞추어 갈 수 있을까요?

4. 하나님 나라의 부흥은 언제 어떻게 나타납니까? 생각해 보세요.

6 - 6 "하나님 나라의 특징적 요소들"

이 땅에서 누릴 수 있는 하나님 나라는 눈에 보이는 것도 아니고, 만져질 수 있는 것도 아닙니다. 그렇기에 하나님 나라가 임했는지를 알 수 있는 기준이 필요합니다. 그렇지 않고는 하나님 나라를 경험해 놓고도 그것이 하나님 나라인지도 모를 수 있기 때문입니다. 성경은 하나님 나라가 어떠한 특징들을 가지고 있다고 말하고 있습니까? 무엇을 경험하면 하나님 나라가 임했다고 볼 수 있을까요?

로마서 14장 17절을 보니, "하나님 나라는 먹고 마시는 것이 아니요 오직 성령 안에 있는 의와 평강과 희락이라"고 말씀합니다. 즉, 의와 평강과 희락이 하나님 나라의 가장 중요한 특징이 된다는 말입니다. 그 요소들을 누릴 수 있다면 하나님 나라가 임했다고 볼 수 있는 것이지요. 첫째, 하나님 나라의 특징적 요소들로 "의"가 있습니다. 이것은 하나님과 나와의 올바른 관계를 말합니다. 하나님의 나라가 임하시는 곳은 하나님과 나와의 올바른 관계가 정립된 곳이라는 의미입니다. 그렇다면 왜 이러한 하나님과의 올바른 관계가 하나님 나라의 특징적 요소가 될까요? 하나님과 올바른 관계가 정립되어야 하나님께서 찾아오셔서 다스릴 수 있기 때문입니다. 그리고 그 하나님을 닮아갈 수 있습니다. 하나님과의 올바른 관계가 정립되었기에 하나님께서 지속적으로 찾아오실 수 있고 그 하나님을 만날 수 있으니 닮아갈 수 있는 것이지요. 이것이 하나님 나라의 특징이라는 것입니다. 하나님 나라를 경험했다고 갑자기 세상적인 기준에서 얻을 수 있는 물질적 축복을 받는 것이 아니라, 하나님을 만나고 닮아가는 축복이 있게 되는 것입니다.

둘째로, 하나님 나라의 특징적인 요소로는 "평강"이 있습니다. 이것은 하나님과 올바른 관계 안에서 주어지는 내적인 표증이라고 할 수 있습니다. 이는 구약의 샬롬과 동일한 의미로서 나와 하나님과의 모든 관계, 그리고 나와 타인과의 관계, 나와 주변 환경과의 모든 관계가 어느 것 하나도 모나지 않고 원만한 상태를 의미합니다. 초대교회 교인들을 보십시오! 그들은 로마의 핍박을 피해서 굴까지 파가며 카타콤을 만들어 신앙생활을 했습니다. 그 속에서 300년 동안 한 번도 빛을 보지 못하고 죽어간 사람들도 있었습니다. 그러나 전혀 로마에게 굴하지 않고, 오히려 로마 전체를 기독교 국가로 바꾸는 일을 감당했습니다. 어떻게 그것이 가능했을까요? 그것은 비록 땅굴에서 살았을지라도, 그 굴 안에서도 하나님 나라를 경험할 수 있었기 때문입니다. 그것이 그들의 삶을 지탱 할 수 있었던 힘이고 로마를 바꿀 수 있었던 힘이었습니다. 하나님만 부르면 찾아오셔서 평안을 주셨기에 가능했습니다.

셋째로, 하나님 나라의 특징적인 요소로는 "희락"이 있습니다. 이것은 하나님과의 올바른 관계 안에서 맺어지는 외적인 표증을 말합니다. 즉, 하나님과의 온전한 관계가운데 그분을 닮아 가면서 외적으로 기쁨을 누리는 것이 하나님 나라의 특징적인 요소라는 것입니다. 그러므로 이 땅에서 하나님 나라를 누리는 사람들은 늘 그들 가운데 기쁨이 있습니다. 이것이 온전히 누려질 때 이 세상의 모든 짐에서 해방될 수 있습니다. 오늘도 우리가 주님 앞에 나와서 예배해야 할 이유가 여기 있습니다. 하나님 나라를 온전히 경험하기 위함입니다. 예배는 하나님 나라를 경험하기 위한 시간이기 때문입니다.

사랑하는 여러분! 하나님이 부르시는 날까지 이 땅에 살아가면서, 예수께서 이뤄 놓으신 하나님 나라를 경험하며 이 땅을 변화시켜 나가는 하나님 나라의 주체가 되어야 하지 않을까요? 바울이 말했던 하나님 나라의 특징적인 요소들을 기억하며 하나님과의 올바른 관계를 유지하기 위하여 노력합시다. 그리고 그 안에서 내적으로는 평안이, 외적으로는 기쁨이 누려지는 삶을 살아가도록 노력합시다. 하나님과 올바른 관계 안에서 주님이 임재하시기만 하면 가능한 일입니다!

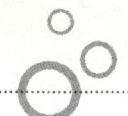

1. 성경에서 말하는 "의"라는 것은 무엇을 의미합니까? 왜 그것이 하나님 나라의 특징적 요소가 될까요?

2. 하나님 나라의 특징적 요소로서 "평강"은 어떠한 상태를 의미할까요?

3. 하나님 나라의 특징적인 요소로서 "희락"은 어떠한 상태를 의미할까요?

4. 하나님 나라의 특징적인 요소들인 "의, 평강, 희락"은 서로 어떠한 관계를 가지고 있습니까?

VII

"회개와 부흥"에 관한 보다 깊은 묵상

일제 압제 속에서 삼일절을 주동하고 이끌어 갔던 핵심 멤버들이 기독교인들이었다는 것은 다 알고 계시지요? 그 결과 독립운동이 큰 탄력을 받고 민족의 주체성을 지키는 큰 힘이 되었으며 만방에 대한민국의 존재 자체를 조금이라도 알리는 역할을 감당하였습니다. 그런데 오늘날 삼일절은 우리 기독교인들에게 어떠한 의미가 있을까요? 삼일절 날 교회에서 월삭기도회를 하면서, 하나님께서는 나라를 위한 새로운 기도제목과 마음을 주셨습니다. 그것은 오늘날에 맞는 삼일 운동을 기독교인들이 다시 일으켜야 한다는 것입니다. 즉, 일제치하에서 기독인들이 중심 되어 나라의 독립을 위해서 목숨을 바치며 힘쓰고 애썼던 것처럼, 오늘날에도 기독인들이 나라를 위해서 목숨을 바칠 각오로 나라 곳곳에 무너진 부분을 끌어안고 기도해야 한다는 마음이었습니다. 이것이 기독인들이 해야 할 오늘날의 삼일 운동이라는 것입니다.

하나님께서 이 마음을 주신 후, 제가 알고 있는 한도 안에서 우리나라를 둘러보았습니다. 그런데 제가 그 자리에서 잠시만 헤아려 보아도 무너진 부분들이 너무 많았습니다. 많은 사람들이 살기 힘들다고 아우성치는 경제... 갈 길을 잃은 것처럼 보이는 정치... 그리고 목숨을 소중히 여기지 못하여 늘어나는 자살자들... 점차 조각나고 있는 가정의 문제들... 그리고 무너져가는 성적, 도덕적 불감증... 우리 기독교인들에게도 자리 잡고 있는 신앙의 형식주의 등 무수히 많았습니다. 그런데 하나님께서는 우리 기독인들이 그것들을 바라만 보지 말고 그것들을 품고 해결하기 위한 적극적인 기도가 필요하다고 가르쳐 주신 것입니다. 하나님은 기독인들이 내가 살고 있는 나라를 위하여 오늘날의 삼일 운동을 일으키기를 원하고 계신 것입니다.

도대체 그리스도인들은 오늘날 우리 주변에 일어나고 있는 문제들과 어려움들을 어떻게 대처하고 있습니까? 어떠한 마음을 가지고 바라보고 있습니까? 그저 자포자기 하는 입장으로 바라보고 있지는 않습니까? 어떠한 자극이 있어도 꿈쩍하지 않을 것을 알기에 어떠한 일조차 하지 않고 있는 것은 아닙니까? 우리가 이 문제들을 해결하는 일에 동참합시다. 나라의 무너져 가는 것들을 품으로 다시 일으켜 달라고 외치는 이 일에 동참합시다. 다시 한 번 이 땅을 살려달라는 삼일 운동을 펼쳐 나아갑시다. 다시 민족과 조국을 살릴 수 있는 구국적인 운동이 일어나야 합니다. 이 땅을 고치고 살릴 수 있는 주체는 바로 "그리스도인들"이기 때문입니다. "내 이름으로 일컫는 내 백성"이 무너져 가는 이 땅을 다시 살릴 수 있는 주체들이기 때문입니다. 그러므로 분명 이 운동이 펼쳐질 수만 있다면 하나님께서 역사하실 것입니다. "나라의 무너진 부분을 끌어안고 일어나는 자"들을 통해서 하나님께서 이 땅을 고치시고 치유하실 것입니다.

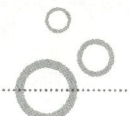

1. 나라에 무너져 가고 있는 모습들을 나는 어떠한 입장을 가지고 지켜
   보고 있습니까? 한국교회는 어떠한 자세를 가지고 있습니까?

2. 무너져 가는 나라를 고치고 치유할 수 있는 주체가 왜 그리스도인들
   입니까? 생각해 보세요.

3. 나는 나와 관계가 없는 일에는 전혀 관심을 갖지 않는 방관자이지는
   않습니까?

7 – 2 "울게 하소서"

　저는 요즈음 눈물에 대해서 많이 묵상을 합니다. 한마디로 말하자면 울고 싶다는 것이지요, 얼마 전 주일에 저희 교회 성경공부 소그룹에서 로마서의 내용을 성도들과 나누며, '모든 인간이 절대적인 죄인' 이라는 사실 앞에 모두 다 지적으로 동감은 하였지만, 그럼에도 불구하고 우리가 얼마나 하나님 앞에서 눈물이 없는 사람인지를 보게 되었습니다. 즉, 지식적으로 내가 죄인임은 인정은 하면서도 감정적으로 반응하지 못하는 나의 모습을 발견하게 되었습니다. 그런데 모두들 하나님 앞에서 울고 싶은 마음을 가지고 계시더라구요. 터뜨리지를 못했을 뿐이지요. 울고는 싶은데 기회가 없고, 또 울고는 싶은데 계기가 안 되고, 울고는 싶은데 마음이 너무 말라 있고...

　그런데 아마도 울고 싶은 마음이 하나님의 마음이지 않을까 싶습니다. 나를 바라보시고, 또한 이 땅을 바라보시고 울고 싶어 하시는 하나님을 발견할 수 있다는 것입니다. '내가 하나님께 더 가까이 나아가지 못하기 때문에 울고 싶으시고, 내 힘으로 하는 일에 한계가 있으니 울고 싶으시며, 또 아무리 모든 환경과 여건이 나를 위해 갖추어져 있다고 할지라도 우리는 하나님께서 창조하실 때부터 하나님의 사랑을 받고 살아가도록 지어졌는데 그 사랑이 채워지지 않으니 울고 싶으시고...' 그렇기에 울고 싶은 마음이 하나님의 마음일 수 있다는 것입니다. 그래서 성경은 "애

통하는 자는 복이 있나니 저희가 위로를 받을 것임이요(마 5:4)" 라고 기록하고 있는가봅니다. 울라는 것이지요. 힘들고 어려운 세상을 살아가면서 나의 한계를 보기에, 울지 않고는 살아갈 수 없기에, 하나님 앞에 나와서 울라고 하는 것입니다. 울면 위로해 주신다는 것입니다. 위로를 받는다는 것은 위로해 줄 대상이 있다는 것이고, 또 상처 나고 아픈 나를 위로해줄 수 있는 분이라면 그 분은 나보다 위대하시고 광대하신 분임에 틀림이 없습니다.

그러나 울어야 위로를 받습니다. 울고 싶은 마음만을 가지고 있는 것은 위로를 받을 수 있는 자격이 되지 못합니다. 위로는 사랑을 전제로 합니다. 사랑하지 않는데 위로할 수 없기 때문이지요. 하나님은 이처럼 우리를 사랑하신다는 것입니다. 사랑하는 여러분! 울고픈 마음만 가지고 있지 말고 그 마음을 하나님께 터뜨립시다. 그 눈물이 터져야 우리를 사랑하시는 하나님의 위로를 경험할 수 있습니다. 저는 때때로 저의 아프고 공허한 마음을 가지고 하나님께 엉엉 울었던 적이 많이 있었습니다. 제 주변에 있던 사람들이 저를 '눈물의 선지자, 예레미야' 로 부를 정도였으니까요. 물론 저는 예레미야 선지자와는 비교조차 되지 않는 부족한 사람입니다. 그런데 돌이켜보면, 울고 있던 그 시간은 참 행복한 시간이었습니다. 그냥 울고만 있어도 마음이 평화스럽고 따스했습니다. 다른 사람을 품을 수 있는 힘이 생겼습니다. 그리고 또 다른 사람들을 위로할 수 있는 마음이 생겨났지요.

사랑하는 여러분! 저는 이렇게 외치고 싶습니다. 국가적으로도 많은 난제가 있는 이 시간에, 나라를 위하여 울며 눈물을 흘립시다! 다른 어떤 일을 할 수 없다고 할지라도 그냥 이 나라를 품고 하나님께 눈물을 흘립시다. 그리고 나 자신을 바라보더라도 정서적으로 메말라기는 이 시점에 하나님께 외칩시다. "울게 하소서! 울게 하소서! 울게 하소서!" 눈물이 없는 사랑은, 그 사랑이 나라를 위한 사랑이라도, 그리고 영혼을 향한 사랑이라도, 진정한 사랑이 아닐 수 있습니다. 눈물이 있으면 위로가 있고, 위로가 있으면 그 힘과 사랑으로 다른 사람을 사랑할 수 있습니다. "하나님! 우리로 울게 하소서!"

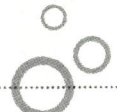

1. 이 땅을 살아가면서 우리는 왜 울어야 할까요? 울지 않고 살 수 없을
   까요?

2. 울고 싶지만 그 눈물을 터트리지 못한 때가 있었나요? 무엇 때문에
   울지 못했습니까?

3. 울 수 있는 것이 왜 축복입니까?

4. 하나님의 눈물을 생각해 본적이 있습니까? 하나님은 왜 눈물을 가지
   고 계실까요?

7 - 3 "지금은 진정으로 회개할 시간입니다"

요즈음 한국 기독교는 자의가 아닌 타의에 의해, 즉 세상에 의해 여러 가지 문제들이 제기되고, 또 비리들이 밝혀져 홍역을 치루고 있는 듯합니다. 이러한 일들이 TV를 통해서 밝혀진 후, 전도의 현장에서 어려움들을 많이 호소해 오고 있습니다. 참 마음이 아픈 일입니다. 그런데 저는 저희 훈련원 홈페이지 자유 게시판에 들어가서 참 감동 깊은 글을 읽게 되었습니다. 우리 교회의 한 성도님께서 올려놓으신 글이었습니다. 그 글의 제목은 "구차한 변명 거두고 하나님과 세상 앞에 납작 엎드리자"는 글이었습니다. 요즈음 문제가 되고 있는 교회의 세금문제와 비리와 연루하여서 한국교회가 취해야 할 태도와 입장에 대해서 쓴 글이었습니다. 그런데 제가 하고픈 말들이 한 성도님의 글을 통하여 고스란히 전해졌기에 기쁨과 감사함이 있었습니다.

그 글의 핵심 내용은, 한국 교회가 교회를 향한 비판의 내용과 회초리들을 피하고 변명만 하려 들지 말고 하나님과 세상 앞에 납작 엎드리어 진정으로 회개해야할 시간이라는 것입니다. 한국교회가 회개하는 시늉만 하지 말고 진정으로 회개하였다면, 요즈음 준비된 사람들을 통하여 그렇게 부르짖는 부흥에 관한 운동의 열매도 맺혔을 것이라는 것입니다. 저 역시 이러한 주장에 전적으로 동감합니다. 우리는 문제가 생기거나 어려움이 닥쳐오면 피하는 데에는 능숙하며, 그것이 발달되다보니 우리가 하는 행위들이 진심으로 하나님께 회개하는 행위인양 자신을 속일 수 있는 지경까지 도달하기도 합니다. 그러나 그러한 행위로 사람들을 속일 수 있을지는 모르지만, 하나님께서는 중심을 보시기에 간과하실 수 없다는 것입니다.

자의든, 타의든 한국교회를 향한 비판의 시각이 일어나고 고쳐야 될 부분들이 지적된다는 것은 감사한 일 중에 한가지입니다. 우리가 스스로 자정할 수 없기에, 제 3자인 세상 사람들을 통하여서라도 하나님께서는 교회가 깨닫고 교회의 구실을 감당하시기를 원하시니까요. 그렇기에 지금은 어떠한 변명을 늘어놓을 수 있는 것들이 많이 있고, 또 부분적으로는 세상의 질타에 문제가 있다고 할지라도 우리의 잘못된 부분들을 안고, 또 우리가 회개할 부분들을 품고 하나님께 납작 엎드리어 진정으로 회개할 시간입니다. 진정으로 회개만 할 수 있다면 하나님께서 어떠한 방법을 통하여서라도 교회를 세상에 영향력 있게 하실 것이기 때문입니다.

그러나 여러분! 지금 이 때가 한국교회를 더욱 사랑해야할 때이기도 합니다. 사랑하지 않기에 비평하고 판단하는 것은 누구나 할 수 있습니다. 만약 우리들도 세상과 같이 교회를 비평하고 판단만 한다면 우리가 속한 교회는 어떻게 되고 어디로 가게 될까요? 나 역시 한국교회의 일원이지 않습니까? 우리가 한국교회의 일원이기에, 그리고 주님의 피 값으로 사신 한국교회를 사랑하기에 모든 비난과 회초리를 품고 한국교회를 위해서 울어야 하지 않겠습니까? 한국교회를 위해서 회개해야 하지 않겠습니까? 이 한국 땅은 한국교회를 통해서, 그리고 하나님의 사람들을 통해서 바뀌어져야 하지 않겠습니까? 세상이 우리를 향해서, 그리고 교회를 향해서 비난할 때, 나를 하나님께 내려놓으며, 그리고 사랑하는 교회를 품고 하나님 앞에서 웁시다. 저 역시 목사로서 먼저 이 아픈 현실의 책임을 통감하며 회개하며 먼저 울겠습니다.

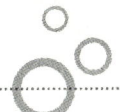

1. 나는 나의 잘못을 피하는데 익숙해 있지 않습니까? 그러나 비난과 욕설이 다가오는 시간은 피하는 시간이 아니라 납작 엎드려 회개해야 할 시간이라는 점을 묵상해 보세요.

2. 한국교회가 잘못하고 있을 때, 오히려 그때가 더 교회를 사랑할 때입니다. 왜 그렇습니까?

3. 비난이 들어오고 치부가 드러나는 시간은 감사할 때이기도 합니다. 비극이고 슬픔의 시간이지만 감사해야한다는 역설에 대해서 생각해 보세요.

7 - 4 "묵은 땅을 기경하라"

호세아 10장 12절 말씀을 보니 여호와 하나님께서 죄악 가운데 있는 북이스라엘 백성들을 향해 말씀하십니다. "너희 묵은 땅을 기경하라!". 여기서 '묵은 땅'은 무엇을 의미할까요? 그것은 기경하지 않아서 쓸모가 없게 된 땅을 의미합니다. 어린 시절 시골에서 농사를 짓는 많은 분들을 보았습니다. 그런데 농사를 잘 짓기 위해서 지켜야 할 중요한 원칙이 있었습니다. 그것은 정해진 시간에 땅을 기경하는 일입니다. 땅을 기경하지 않고 지속적으로 사용한다면 그 땅은 결코 열매를 맺을 수 없을뿐더러 생명을 잃어버린 묵은 땅이 되기 때문입니다. 본문에서 '묵은 땅'은 곧 백성들의 심령 상태를 비유한 말씀입니다. 그들의 삶이 묵은 땅과 같다는 것입니다. 묵은 땅은 버림 받은 땅입니다. 그렇기에 그곳은 어떤 사람도 찾지 않는 땅입니다. 하나님께서는 마음이 무척 아프셨을 것입니다. 버림받은 '묵은 땅'처럼, 백성들은 아무리 말하여도 하나님께로 돌이키지 않았기 때문입니다. 그랬기에 하나님께서는 그 아픈 마음을 안고 이제 그들을 향해 묵을 땅을 기경하는 방법을 알려주십니다.

묵을 땅을 기경하는 첫 번째 방법은 "공의를 심으라."는 것입니다.
'의'란 하나님과 나와의 올바른 관계를 말합니다. 그렇다면 '공의'는 무엇입니까? '공의'는 그 '의'가 공적으로 확장되었다는 것을 뜻합니다. 즉 하나님과 나와의 관계를 일차적으로 회복함으로 모든 삶의 영역에서 회복의 확산을 경험하라는 것입니다. 백성들 한명 한명이 하나님과의 관계에서 회복을 경험하지 못한다면 그들의 삶 전체가 회복될 수 없기 때문입니다.

두 번째 방법은 '인애를 거두라.'는 것입니다. '인애'는 기다리고 참으시는 하나님의 사랑을 뜻합니다. 사실 오늘도 하나님의 이 사랑 때문에 저와 여러분이 살 수 있습니다. 이 나라와 민족이 살고 있습니다. 그분의 '인애'가 없다면 우리는 한 순간도 살 수 없기 때문입니다. 바로 이 기다림을 그들의 삶에 실천하라는 것입니다. 그러나 기다린다는 것은 참으로 쉽지 않습니다. 하나님 앞에서 당장 응답을 바라는 것이 우리 인간이기 때문입니다. 그러나 당장 하나님의 응답이 없어도 기다리며 하나님을 신뢰하는 것이 우리의 삶에 반드시 필요합니다. 이것이 있어야 묵은 땅이 기경될 수 있습니다.

세 번째 방법은 '지금, 여호와를 찾으라.'는 것입니다. 그들이 묵은 땅인 것을 깨달았을 그 때, 그 때가 바로 하나님을 찾을 때라는 것입니다. 사실 하나님을 떠난 인간은 자신의 상태가 묵은 땅인 것을 좀처럼 깨닫지 못합니다. 죄악 가운데 있는 인간은 여전히 하나님의 뜻을 거스르는 것이 익숙해져 있기 때문입니다. 그렇기에 깨달은 그 때, 바로 '지금'이 여호와를 찾을 때라는 것입니다. 또한, 이 말에는 내일이라는 시간은 우리의 시간이 아니라는 사실도 포함되어 있습니다. 지금 깨달았을 때가 마지막 시간이라는 의미지요. 그래서 지금 여호와를 찾아야 합니다.

그렇다면 왜 이렇게 묵은 땅을 기경해야 할까요? 말씀은 그 이유를 분명히 알려주고 있습니다. 첫 번째는 '여호와께서 오사 공의를 비처럼 내릴 것'이기 때문입니다. 많은 분들이 오해하시지만 이 구절은 축복의 말씀만은 아닙니다. 오히려 심판의 말씀입니다. 그분의 공의가 비처럼 내리면 하나님 앞에 우리의 모든 죄가 낱낱이 드러나고, 죄가 드러나면 공의의 하나님이 그 모든 죄를 심판하시기 때문입니다. 그러나 심판의 날은 잘한 자들에게는 축복과 그에 걸 맞는 보응의 날이기도 합니다. 두 번째는 열매 없는 삶이 너무나 힘들기 때문입니다. 내 삶속에서 아무리 노력해도 열매가 없는 것처럼 괴로운 것은 없습니다. 이 열매는 비단 영적인 부분만을 말하지 않습니다. 내 삶의 전인격과 모든 영역에서 일어나는 열매를 뜻합니다. 이것은 영혼의 열매이며 하나님께서 함께하심으로 나타나는 하나님의 형통입니다. 묵은 땅을 기경하지 않는다면 어떤 노력을 해도 합당한 열매를 맺을 수가 없다는 것입니다.

사랑하는 여러분! 여러분들의 신앙의 밭, 마음의 밭들은 어떠합니까? 잠시 내 삶을 돌아보며 삶의 영역 가운데 묵은 땅이 있다면 기경해 보지 않겠습니까?

"너희가 자기를 위하여 공의를 심고 인애를 거두라 너희 묵은 땅을 기경하라 지금이 곧 여호와를 찾을 때니 마침내 여호와께서 오사 공의를 비처럼 너희에게 내리시리라"(호 10:12)

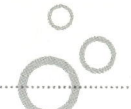

1. 묵은 땅은 어떠한 땅입니까? 왜 묵은 땅이 되어졌습니까?

2. 묵은 땅을 기경해야 할 이유가 어디에 있습니까?

3. 묵은 땅은 어떻게 기경할 수 있습니까?

4. 나의 마음의 밭은 어떠합니까?

7 - 5 "주님의 보좌 앞으로"

어느 날 묵상을 하다가, 주님의 보좌라는 어구를 깊이 있게 묵상하다
가 그 중요성을 새삼 느끼게 되었습니다. 실제로 우리는 이 땅을 떠날 때
에 모두 하나님 보좌 앞에 서서 그 하나님을 찬양하고 경배할 것입니다.
요한계시록에 보니, 온 나라와 족속과 백성과 방언이 하나님을 경배하고
찬양한다고 되어 있습니다. 그런데 분명한 것은 우리가 이 땅을 살면서
도 날마다 하나님의 보좌 앞으로 나아가야 한다고 하는 것입니다. 그 보
좌 앞에 나아가야 하나님을 뵈올 수 있고, 그 품에 안길 수 있으며, 창조
의 목적대로 하나님을 경배하며 찬양할 수 있습니다. 그리고 이 땅의 모
든 문제들과 아픔들이 그 보좌 앞에서 지존하신 하나님을 뵈오며 치유되
어 지고 해결되어 질 수 있습니다.

그러나 주님의 보좌 앞으로 나아간다고 하는 것이 단순한 치유와 회
복을 위한 도구와 방법이 아닙니다. 그것은 우리가 이 땅에 살면서 날마
다 천국을 누리며 사는 길이고, 하나님 앞에 서는 연습을 하는 삶입니다.
실제로 우리 성도들은 비록 이 땅에 살지만 이 땅과 분리되어 천국을 소
망하며 사는 사람들입니다. 우리의 본향은 이 땅에 있지 않고 저 천국에
있습니다. 그러므로 날마다 주님 보좌 앞으로 나아가는 연습 없이는 주님
의 임재를 깊게 경험하기도 힘들 수 있으며, 또 참된 기쁨과 만족 가운데

하나님을 찬양하며 살아가기 어려울 수 있습니다.

　그렇다면 왜 꼭 보좌 앞에 나아가야만 할까요? 우리가 이 땅에서 올려드리는 기도와 찬양의 많은 부분들이 하나님의 보좌 앞으로 나아가지 못하고 땅에 떨어질 수 있습니다. 주님의 보좌 앞으로 나아갈 분명한 목적을 가지고 하지 못하는 기도와 찬양들은 자기의 힘만으로 기도하다가, 또는 찬양하다가 끝날 수 있기 때문입니다. 세상적인 노래들도 우리가 열을 다하여 부르면 우리에게 만족을 주고 잠시의 평안을 주는 것처럼요. 설령 보좌 앞으로 나아간다고 할지라도, 그 깊이와 넓이에 있어서는 감히 측량할 수 없는 하나님의 은혜에 근접치 못하는 경우들도 많습니다. 우리의 기도와 찬양이 주님의 보좌 앞으로 나아가는데 방해가 되는 많은 방해들과 문제들, 그리고 죄악들이 도사리고 있기 때문입니다. 그래서 기도는 열심히 하는데 응답이 없고 기쁨이 없으며, 찬양은 열심히 하는데 하나님의 임재와 성령의 기름 부으심을 경험치 못하는 이유 중 하나가 여기에 있을 수 있다는 것이지요. 그러나 분명한 것은 우리가 기도와 찬양, 예배, 무엇을 하든지 이들을 통하여 주님의 보좌 앞으로 나아갈 분명한 목적과 노력이 있다면 어떠한 방해도, 그리고 어떠한 문제들도 뚫고 나아갈 수 있다는 것입니다. 그러나 그것이 힘들기 때문에 중도에 포기하고, 또 이만큼 기도하고 찬양했으면 됐다고 생각하여 중단한다면 나름대로의 만족과 감동은 있을지 몰라도 보좌 앞으로 나아가는 경험은 있을 수 없다는 것입니다.

　사랑하는 여러분! 주님의 보좌 앞에는 주님을 찬양하고 경배하는 소리만 있을 뿐입니다. 그분이 너무 위대하시고 광대하시기 때문입니다. 그리고 언젠가는 눈과 눈을 마주보며 하나님의 보좌 앞에서 마음 놓고 그 하나님을 예배하며 찬양할 날이 올 것입니다. 그 연습을 이 땅에서 하자는 것이지요. 그렇게 할 때 지존하신 주님을 만나는 기쁨이 있고 회복이 있으며 치유가 있고, 주님에 대한 영적인 깊은 찬양이 있으며, 경배와 예배가 있어질 수 있습니다. 주님의 보좌 앞으로 담대히 나아갑시다!. 그 곳으로 달려가기 위하여 노력합시다!

1. 주님의 보좌 앞으로 나아간다는 것은 무엇을 의미합니까?

2. 우리의 기도와 찬양들이 주님의 보좌 앞에 올라가지 못하고 때로는 땅에 떨어지는 이유가 무엇이라고 생각하세요?

3. 우리가 지속적으로 보좌 앞으로 나아가기 위해서 어떠한 일들을 노력해야 하나요?

4. 왜 하나님의 보좌 앞에서는 그분을 높이고 그분을 찬양하며 예배하는 소리만 있을까요?

이십세기 초, 웨일즈에서 일어났던 부흥운동은 이십세기에 일어났던 부흥운동 중, 가장 강력한 부흥의 불꽃으로 세계 전역으로 확산되어졌고 또한 인도와 한국, 중국에 부흥을 일으키는 원동력이 되었습니다. 이 웨일즈의 부흥운동은 이반 로버츠라는 사람에 의해서 주도되었는데, 그는 부흥을 위해서 11년간을 기도해 왔고, 밤을 세워 부흥에 관한 책을 읽거나 준비를 했다고 합니다. 그는 그 당시 위대한 장로교 전도자였던 셋 조수아가 뉴캐슬엠린에서 인도한 집회에 참석하여 성령의 감동을 받아 "주여! 저를 겸손케 하옵소서!"라고 기도하며 부흥을 준비하며 주도하는 사람으로 바뀌게 되었는데 그 기도는 나중에 부흥의 모토가 되어졌다고 합니다.

그는 하나님과의 깊은 교제 중, 웨일즈 전체가 하늘로 들림을 받는 환상을 보고서 부흥의 불길이 웨일즈 전체를 뒤덮을 것을 확신하며 잠을 줄이고 기도의 시간들을 늘여 갔다고 합니다. 그 후, 이반 로버츠는 특별히 청년들의 부흥을 위해 시간을 자주 갖았는데, 비록 신분은 광부에서 대장장이로 보잘 것 없었지만 기도하며 말씀을 나눌 때 많은 청년들이 예수님을 영접하고 교회가 인산인해가 되어 앉을 자리가 없을 정도로 붐비게 되는 결과를 낳았다고 합니다. 그가 고백한 한 집회에서의 부흥의 경험은 다음과 같습니다.

　나는 청년들에게 다음과 같이 말했습니다. "우리는 성령님께서 이 자리에 충만히 임하실 것을 믿어야 합니다. 그분이 충만히 임하실 것으로 생각하거나 소망하는 것이 아니라 진실로 충만하실 것을 확고히 믿어야 합니다." 그 다음에 나는 하나님의 약속의 말씀을 낭독했으며 그 말씀들이 얼마나 명확한 것인지에 대해 역설했습니다. 이 일 후에 성령께서는 모인 사람들 모두가 기도해야 한다는 것을 말씀하셨습니다. 회개나 찬양을 하는 것이 아니라 그 시간에 기도하라는 것이었습니다. 그리고 잠잠히 기다리라고 하는 것이었습니다. 우리가 주님께 드린 기도는 "예수 그리스도를 위하여 지금 성령을 부어 주시옵소서"라고 하는 기도였습니다. 회중들은 가만히 눈을 감고 있었습니다. 나는 기도하기 시작했습니다. 그리고 기도의 불길은 청소년들과 청년들이 앉아있던 자리로 옮겨 붙기 시작하였습니다. 몇몇 사람들은 묵상으로 아뢰었으며, 몇몇은 통성으로, 몇몇은 차갑게, 몇몇은 뜨겁게, 몇몇은 격식을 갖추어서, 몇몇은 눈물을 흘리면서 기도했습니다... 청년들은 강한 소리로 부르짖다가도 조용한 목소리로 기도하기도 했습니다. 정말 놀라운 일이었습니다. 이와 같은 효과가 나타나리라고 전혀 생각해 본 일이 없었습니다. 나는 그 자리가 성령으로 충만해지는 것을 느낄 수 있었습니다. 기도회 중간쯤 몇몇의 형제들이 흐느껴 울면서 "오 사랑하는 주님! 사랑하는 주님!"이라고 하는 소리를 듣게 되었습니다. 기도회가 절정에 이를 때에 감동은 더욱 격해졌습니다. 그 자리는 성령의 응답하심으로 더욱더 충만해 졌습니다.

이 부흥의 결과 웨일즈 전역에 교회들이 사람들로 차게 되었고, 1년 안에 10만 명의 개종자들이 생겨났으며, 범죄 발생률이 떨어져 판사들이 취급할 사건이 생기지 않아 법정을 떠나는 해프닝이 벌어지기도 하였습니다. 술을 즐기던 사람들이 반감되어 대부분의 선술집들이 문들 닫을 수밖에 없었으며, 채광소에서 석탄을 운반하던 조랑말들은 광부들이 회개하여 심령의 변화를 받고 유순한 언어를 사용하자 그들의 어투를 더 이상 알아들을 수 없게 되었다고 합니다. 사랑하는 여러분! 이러한 일들이 내가 사랑하는 조국 대한민국에 다시 한 번 일어나야 하지 않겠습니까? 우리 교회에, 우리나라에, 웨일즈에서 일어난 영적대각성의 부흥의 불길이 일어나야 하지 않겠습니까?

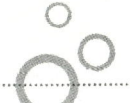

1. 영적인 부흥은 어떠한 상황, 상태를 뜻하는 것입니까?

2. 웨일즈에서 일어난 위대한 부흥은 어떻게 준비되어지고 일어나게 되었습니까?

3. 이 땅에 다시 한 번 영적인 부흥이 일어나기 위하여 무엇이 준비되어져야 할까요?

4. 부흥의 결과들을 말해 보세요.

7 - 7 "야곱에게 벧엘의 시간은 가장 행복했던 시간입니다"

야곱은 영적인 욕심이 있었던 사람이었습니다. 팥죽으로 형 에서에게서 장자 권을 받아낸 사실이나, 어머니의 말을 따라 형 에서처럼 꾸며 형이 받아야 될 축복을 대신 받은 모습에서 드러납니다. 그러나 야곱은 아버지 이삭으로부터 축복 기도를 받았지만, 오히려 그것이 화(禍)가 되어 사랑하는 어머니를 떠나 형 에서를 피해야하는 도망자의 신세가 되었습니다. 그렇게 원하던 영적인 축복의 기도를 아버지로부터 받았지만, 손에 잡히는 것도 없이, 그리고 눈에 보이는 축복도 없이, 또한 미래에 대한 확실한 약속도 없이 도망자가 되었습니다.

아마도 야곱의 마음은 힘들었을 것입니다. '이것을 위해서 내가 이렇게 달려왔던가?', '하나님의 축복이란 도대체 무엇이란 말인가?', '나에게는 축복이 주어지지 않는 것인가?' 등 여러 가지 질문들이 생겨났을 것이지만 그 질문들에 답할 수 없었습니다. 그러던 가운데 그는 광야의 한 구석에서 돌을 베개 삼아 잠이 들었습니다. 인간적으로 보자면 처량하고 외로운 시간이었습니다. 그때 야곱은 꿈을 꿉니다. 이 꿈은 하나님이 야곱에게 나타나신 방법이었습니다. 야곱은 꿈에서, 아무도 없다고 생각한 광야에서 야곱은 사닥다리를 보았고, 또 그 사닥다리에서 천사들이 오르락내리락 하는 모습을 보았습니다. 그런데 그 천사들은 하늘에서 내려온 천사들이라기보다는 야곱이 있던 곳에서 시작하여 오르락내리락 하던 천사였습니다. 하나님은 이 꿈을 통하여 야곱에게 깨닫게 하신 것이 있습니다. 그것은 '내가 너와 함께 한다'는 것이었습니다. 그리고는 말씀으로 야곱과 직접 만나주셨습니다. 야곱은 그 하나님과의 만남을 통하여 가만히 있을 수 없었습니다. 너무 행복했기 때문입니다. 가진 것은 없었지만 정말 행복했습니다. 이것은 하나님을 만나 사람들의 공통적인 특징들입니다. 그래서 그는 그곳에서 단을 쌓고 하나님을 예배했습니다.

시간이 흘러 야곱은 두 아내와 많은 가축들과 식솔들을 데리고 아비의 집으로 돌아오게 되었습니다. 분명히 처음 떠날 때에는 기대하지 못하였던 부(富)였습니다. 자식들도 많이 생겨났습니다. 한 가정의 분명한 가장이 되어 돌아오는 중입니다. 그런데 시간이 흐르며 가진 것은 많이 생겨났지만, 잃어버린 것이 있었습니다. 하나님과의 만남과 예배였습니다. 세상의 부(富)는 한 순간 만족을 줄 수 있고 또 삶을 편리하게 해 줄 수 있지만, 하나님과의 만남을 잃어버린 야곱은 삶의 모든 것을 잃어버린 양 힘을 쓸 수 없는 존재가 되어가고 있었습니다. 딸 디나가 강간을 당하고, 그러한 일들이 일어났지만, 아비로서 어떠한 조치를 취하지 못하고 아들만 기다리는 신세가 되었으며, 아들들은 아비를 무시한 채 자신들의 생각을 가지고 세겜 남자들에게 할례를 주며 그들을 쳐 죽였습니다. 이제 남은 것은 세겜 사람들과 일전(一戰)을 벌리는 일이었지만, 현실적으로 승산은 없었습니다. 가족의 몰락만 남아 있게 된 것입니다.

그때 하나님은 야곱에게 다시 나타나셔서 "일어나 벧엘로 올라가라"

고 명하십니다. 아무 것도 가진 것이 없었지만 하나님을 만나 행복해 했던 그곳으로 올라가야 한다는 것입니다. 야곱은 하나님의 명령대로 실천하기 위하여 포기해야 할 것들은 포기하고, 버려야 할 섯틀은 버렸으며, 또 마음을 다시 하나님께로 돌려 벧엘로 올라갑니다. 그리고 하나님을 다시 만납니다. 회복되어집니다. 이렇게 보자면, 야곱에게 있어서 벧엘은 회복의 장소요! 인생에 있어서 가장 행복한 시간을 주었던 곳입니다. 벧엘이 없었다면, 성경의 야곱도 없었을 것입니다. 그러나 벧엘을 자세히 살펴보자면, 그것은 그가 가진 것이 아무것 없이 하나님을 만난 곳이었으며, 행복한 소망을 가지고 하나님을 예배할 수 있는 곳이었습니다.

나를 살펴봅시다! 나는 벧엘로 다시 올라가야 할 야곱처럼, 너무 많은 것을 소유한 나머지 상대적으로 하나님의 임재를 잊은 채 살아가고 있지는 않은가요? 하나님은 내 삶을 축복하셨지만, 오히려 그 축복으로 가장 중요한 하나님의 임재를 잊은 채 살아가고 있지는 않습니까? 비록 무화과나무에 열매가 없고 밭에 소산이 없으며, 우리에 양이 없어도 주님만 있으면 행복할 수 있습니다. 주님 한분이면 만족합니다! 그 행복했던 시간으로 되돌아갑시다!

1. 야곱에게 벧엘은 어떠한 곳입니까?

2. 벧엘은 왜 야곱에게 가장 행복했던 장소였을까요?

3. 하나님은 인생의 밑바닥에 처한 야곱에게 왜 벧엘로 올라가라고 하셨을까요?

4. 무엇이 참된 행복일까요? 나는 지금 벧엘에 있는 사람입니까?

7 - 8 "양과 소는 두고 가라 - 피 없는 기독교-"

이 글의 제목을 보면서, 조금은 의아해 하면서 놀란 분들이 적지 않을 것 같습니다. "도대체 무엇을 말하려고 하는가?" "피없는 기독교라니?" 등... 실은, "양과 소는 두고 가라"는 말은 애굽의 바로 왕이 열 가지 재앙을 경험하면서 아홉 번째 흑암의 재앙을 경험하고 나서 모세와 타협하기 위하여 내놓은 안입니다. 하나님께서는 아홉 번이나 재앙으로 애굽의 바로 왕에게 경고하시며, 한편으로는 하나님만이 참된 신임을 나타내셨고, 다른 한편으로는 애굽의 신들이 헛된 우상임을 가르쳐 주셨습니다. 그리고는 이스라엘 백성들을 애굽에서 내보내어 하나님을 예배할 수 있도록 하라고 말하셨지만, 바로는 그 명령을 듣지 않았습니다. 끝까지 버티어 하나님과 대결하며 하나님의 뜻을 굽히려고 한 것이지요. 그 과정 속에서 마지막으로 타협안으로 내 놓은 것이 "양과 소는 두고 가라"는 것이었습니다. 너희 이스라엘 모두는 하나님이 명하신대로 삼일 길 광야로 나가서 하나님을 예배해도 좋다는 것이었습니다. 이제는 해방이라는 것입니다. 하나님을 섬기든, 아니면 너희가 무엇을 하든지 좋으니 너희 마음대로 하라는 것입니다. 그러나 나갈 때 "양과 소는 두고 가라"는 것이지요.

이정도 되면, 바로가 많은 것을 포기한 것 같고, 또 적정선에서 타협할 수 있는 여지도 있어 보입니다. 인간적으로 보자면, 너무 원칙만을 고수하는 것이 답답해 보일 수도 있습니다. 그러나 하나님은 모세에게 명하신 그대로를 성취하시기를 원합니다. 하나님이 원하신 것은 "삼일 길... 모든 이스라엘 백성이 그의 소유와 더불어 광야로 나가서 하나님을 섬기"는 것이었습니다. 모세는 이러한 하나님의 의도를 알기에 바로와 타협하지 않았습니다. 그리고 하나님이 처음에 주신 원칙을 고수하였습니다. 왜 하나님이 주신 원칙을 고수해야만 하는지 그 당시는 다 알 수 없을 수도 있습니다. 우리의 지혜가 짧기 때문입니다. 양과 소는 애굽에 두고서라도 애굽을 나갈 수만 있다면 얼마나 좋은 일입니까? 하나님을 마음껏 예배할 수 있잖아요? 그러나 하나님은 그것을 원하지 않으셨습니다.

왜냐하면 여기에는 바로의 중대한 궤략이 숨겨져 있기 때문입니다. 하나님을 믿는 사람들의 종교를 피 없는 종교로 만들려고 하는 궤략이지요. 죄인인 우리가 하나님을 온전히 예배하고 그 하나님 앞에 나아가기 위해서는 우리의 죄를 덮어주는(구약적인 개념임) 희생의 제물, 즉 피가 있어야 합니다. 그것 없이는 우리의 죄가 사함을 받을 수 없고, 그렇기에 하나님을 온전히 예배할 수 없는 것입니다. "피 흘림이 없이는 죄 사함이 없기"때문입니다. 사탄의 궤략은 예배는 드려도 하나님의 임재가 없는 형식적인 예배를 만들겠다는 것이고, 모양과 형식은 갖추게 만들어줘도, 그 핵심을 제거하여 껍데기만 남은 종교로 만들겠다는 것입니다. 얼마나 충격적이고 엄청난 궤략인지 모릅니다.

사랑하는 여러분! 저는 오늘날 우리 기독교가 구약에서 바로가 제시한 궤략에 넘어가고 있지는 않는가 염려합니다. 예배는 있고, 모임과 헌신은 있는데, 예수의 피가 강조되지 않을뿐더러, 의지하지도 않고, 날마다 십가가 앞으로 나아가지도 않는 종교로 바뀌어 가고 있는 것은 아닌지 걱정됩니다. 능력은 우리에게 있는 것이 아니라, 예수의 보혈, 그리고 세상과 사탄과 정욕을 이기신 십자가 앞에 있는데, 점차 그 의미가 희석되고 있는 것은 아닌지 걱정됩니다. 십자가 앞으로 나아갑시다. "십자가 튼튼히 붙잡고 날마다 이기며 나아갑시다" 그래서 기독교의 본질을 회복하고 그 힘과 능력으로 세상을 이기며 바꿀 수 있도록 합시다!

1. 바로가 제시한 타협안인 "양과 소는 두고 가라"는 어떠한 궤략이 숨겨져 있나요?

2. 왜 기독교는 '피'를 강조하는 종교가 되었습니까?

3. '피'가 없는 기독교는 어떠한 종교로 전락할까요?

4. 하나님의 명령을 끝까지 지키며 타협하지 않는 것이 왜 중요합니까?

7 - 9 "여호와는 나의 목자시니"

- 각 지역별 버전, 쉬어 갑시다 -

* 서울 버전(Version)

여호와는 나의 목자시니
내가 부족함이 없으리로다.
그가 나를 푸른 초장에 누이시며
쉴만한 물가로 나를 인도 하시는도다.
내 영혼을 소생 시키고
자기 이름을 위하여 의의 길로 인도하시는도다.
내가 사망의 음침한 골짜기로 다닐찌라도

해를 두려워 하지 않을 것은
주께서 나와 함께 하심이라.
주의 지팡이와 막대기가 나를 안위 하시나이다.
주께서 내 원수의 목전에서 내게 상을 베푸시고
기름으로 내 머리에 바르셨으니 내 잔이 넘치나이다.
나의 평생에 선하심과 인자하심이 정녕 나를 따르리니
내가 여호와의 집에 영원히 거하리로다.

* 전라도 버전 (Version)

아따! 여호와가 시방 나의 목자신디
나가 부족함이 있겠냐!
그분이 나를 저 푸러브른 초장으로 뉘어불고
내 뻐친다리 쪼매 쉬어불게 할라고
물가시로 인도해뿌네! (어째쓰까! 징한 거...)
내 영혼을 겁나게 끌어 땡겨불고
그분의 이름을 위할라고
올바러븐 길가스로 인도해뿌네(아따 좋은그...)
나가 산꼬랑까 끔쩍한 곳에 있어도 겁나불지 않는것은
주의 몽데이랑 짝대기가 쪼매만한 일에도
나를 지켜준다 이거여!
아따! 주께서 저 싸가지 없는 놈들 앞에서
내게 밥상을 챙겨 주시고 내 대그빡에 지름칠해주싱께로
참말로 나가 기뻐 불그마이....
내가 사는 동안 그분의 착하심과 넓어브런 맴씨가
나를 징하게 따라당깅께로
나가 어찌 그분의 댁에서 묵고 자고 안하겠냐

* 경상도 버전 (version)

여호와는 나의 목자시니 내사 답답할끼 없데이.....

시~~퍼런 풀구디이로 낼 디미시고

쉴만한 또랑가로 끄잡아 댕긴데이.

내 정신 챙기사 올케 살아라 카심은

다 지 체면 때문이라 카네.

내 죽을 뻔한 꼴짜구디 껌껌한데서도

간띠이가 부-어 댕길수 있슴은

그 빽이 참말로 여간 아닌기라.

주의 몽디이-와 짝대기가 낼로 지키시고

내 라이벌이 죽일놈 문디이 자슥 앞에서

낼로 팔팔 키워 주시니

내 인생이 아무리 복잡다 케싸도

저 양반이 천날 만날 지키줄끼니까 내사 우짜든가

그 옆에 딱 붙어각꼬 죽어도 안떠날끼다.

* 평안도 버전 (version)

여호와래 내 목자니끼니

내래 아쉬운 거 하나두 없수다래.

그가 나를 퍼~런 풀밭에 뉘이시구요

에개개! 또 멋드러진 물가르 데불구 가서라무니 쉬라구 허시

디요.

내 머리를 깨끗허게 감구 생각 똑바루 허래요.

거저 자기 이름 높이누라우 날보군 똑바른 길루만 가래디 안

캇소.

내래 암만 껌껌헌 골짜구니 왔다갔다 해두 겁두 안나구 무섭
디 않은건요,

거저 주님이 나랑 늘 같이 댕기시기 때문이야요

주의 디팡이와 막대기래 날 언제나 거저 안전허게 붙잡아 주
디 안소.

주께서 내 원수아새끼 보란디키 나헌테 표창두 허시구

또 내머리 쓰다듬으문서리 날 이뻐해 주시니끼니 거저 내 잔
이 허구헌날 넘치디요

내 평생동안 내래 좋다구 허문서리

착허구 인자허게 거저 날 놔 주디 안쿠서 졸~졸~따라 대니는
데

내래 어케 여호와랑 가티 이스야디 뭬 나갈 수 있가시오.

거저 내내 가티 살아야디요.

* 강릉 버전(version)

여보서요, 여호와는요 우리 목자래요. 내가요 부족한기 한 개
도 음잖소.

이지가지 마카 주이까내 부족한기 머이 있겠소. 달부 어여워
요. 그 부이요

나르 버덩에 눕기지르 않나, 거랑가로 데리고 댕기미 이지가
지 주지르 않나

날구장창 데리고 댕게요. 내 영혼을 소생시키이까네 내가 다시 살았잖소.

의의 길로 데리고 댕기니까네 이제야ㅑ는 아주 편안하다니.

사망의 시커먼 벅앙지 같은 어낭으로 뼁창으로 신질로 뙈댕게도 나는 겁이 안난다니. 왜나 하므느 그 부이 내하고 같이 댕기고 내가 잘못 가므는 짝때기를 갖고 막 쌔레대니까네.

주께서 원쑤 같은 놈들 앞에서 나르 상도주고 참지름으로 머리에 발라주고 하니까

곱뿌가 달부 어엽게 막 넘잖소.

내 평생에 선하심과 인자하심이 나르따라 댕기니까네 내가요 그 분 댁에 날구당창같이 살꺼래요. 음매나 좋소."

"회복"에 관한 보다 깊은 묵상

8 − 1 "상한 갈대를 꺾지 아니하시고"

    사람들은 살아가면서 필연적으로 아픔과 상처를 입게 마련인 것 같습니다. 그것은 우리 인간들이 죄 있는 불완전한 존재로서, 그리고 연약한 존재로서 서로에게 상처를 줄 수 있는 사람들이고 각자 한계를 경험하며 살 수 밖에 없기 때문이지요. 그러나 상처는 참 오래 가는 것 같아요. 그리고 그 상처가 오래 될 때 필연적으로 그 상처는 우리의 삶과 일상적인 일들을 파괴하곤 하지요. 내가 내 모습이 싫어질 때도 생기구요. 그래서 세상 사람들은 상처 있는 이웃을 처음부터 싫어하는 사람들도 있고, 또는 처음에는 상처 있는 사람을 사랑하는 것 같지만 그 상처가 지속될 때에는 하나 둘 모두 그 사람을 떠나곤 한답니다. 더 이상 상처를 나누기 힘들다는 뜻이지요. 그 상처 때문에 나 역시 상처를 입을 수 있다는 뜻입니다. 사물에 대해서도 마찬가지인 것 같아요. 상처 있는 물건이나 생물들은 아예 처음부터 가격이 떨어지거나 관심의 대상이 되지도 못하지요.

    그러나 이러한 사람들의 습성을 역행하는 한 분이 계십니다. 그분이 하나님이십니다. 이사야 42장 3절을 통해서 보면, "상한 갈대를 꺾지 아니하며 꺼져가는 등불을 끄지 아니하시고" 라고 기록하고 있기 때문이지요. 성경은 오히려 "여호와는 마음이 상한 자에게 가까이 하시고 중심에 통회하는 자를 구원하신다." 라고 기록하고 있습니다(시 38:18). 그러면 왜 하나님은 상한 갈대도 꺾지 아니하시고, 꺼져가는 등불도 끄지 아니하실까요?

첫째, 하나님께서 인간을 창조하신 분으로서 인간을 너무 잘 알고 계시기 때문입니다. 죄 있는 인간은 연약한 존재로서 필연적으로 상처 입을 수 있고 아파하며 살아갈 수 있는 존재이기 때문입니다. 만약 하나님께서도 죄 있는 인간을, 상처 있는 인간을 피하신다면 어디 가서 위로받을 수 있고 희망과 소망을 되찾을 수 있겠습니까? 부모가 자기 자식을 포기하지 않고 사랑하는 이치와 같습니다. 하나님께서 품지 않으시면 인간은 살아날 수가 없습니다. 그러므로 하나님께서 상한 마음을 찾으신다는 의미는 부모와 같은 마음으로 자식을 사랑하시고 돌보신다는 의미를 내포하고 있습니다. 우리가 어떠한 상태에 놓여있다고 할지라도 절대 포기하지 않으십니다.

둘째, 하나님께서 상한 마음을 찾으신다는 것은 그 때가 바로 하나님을 만날 때이므로 하나님을 만날 사람을 찾으신다는 의미와 같습니다. 실제로 많은 사람들은 살아가다가 어려움에 부딪혀 어디에서도 도움을 받지 못할 지경에 도달할 했을 때에, 인간적으로 보자면 낙망이고 좌절이며 모든 것을 포기할 수 있는 시간이지만 하나님 편에서 보자면 그들을 깊이 있게 만나실 수 있는 시간입니다. 그러므로 하나님은 자신을 만날만한 사람을 찾으시고 만나기를 원하신다는 의미가 이 안에 내포되어 있다고 할 수 있습니다. 하나님은 지금도 우리를 만나기를 원하십니다.

셋째, 하나님께서 상처 입은 마음을 찾으신다는 것은 하나님 뜻대로 살다가 세상과 부딪혀 아파하고 힘들고 상처 입은 사람을 찾으신다는 의미를 내포하고 있습니다. 그 상처와 아픔은 하나님만이 아시기에 하나님이 만져주시기를 원하신다는 뜻이지요. 인간은 자신이 연약해서 죄를 짓고 아파하며 살지만, 하나님의 뜻대로 살며 타협하지 않고 살 때에도 필연적으로 상처는 따라옵니다. 정직하게 살고 성경의 원칙대로 살아도 반드시 상처와 아픔이 따라온다는 것입니다. 그렇다면 누구에게 보상을 받아야 할까요? 주님 밖에 없습니다. 그러므로 하나님께서 상한 마음을 찾는다고 하셨을 때, 그 가운데 포함되는 것은 하나님의 뜻대로 살다가 비난당하고 어려움에 처한 자들을 찾으신다는 의미가 포함되어 있다고 할 수 있습니다. 오히려 하나님은 그들에게 더 많은 관심을 가지고 계십니다.

여러분! 혹시 힘들고 어려운 상처가 있습니까? 아픔이 있습니까? 상한 갈대를 꺾지 않으시고 꺼져가는 심지도 끄지 않으시며 우리의 상처를 고치시고 싸매기를 원하시는 하나님 앞에 모든 것을 내려놓으세요. 그리고 위로하시고 치유하시는 하나님 경험하십시오. 하나님께서는 반드시 싸매시고 치료해 주십니다. 또한 그 하나님 앞으로 세상 사람들을 인도하여 그들의 아픔과 상처가 온전히 치료받을 수 있도록 하는 전도자가 됩시다.

1. 왜 나는 상한 갈대로 살아가는 모습이 많았습니까? 지금도 상처가 있지는 않나요?

2. 상한 마음을 찾으신다는 하나님의 모습은 이 세상의 기준을 넘어서는 가치전도의 모습입니다. 하나님께서는 왜 상한 마음을 찾으시나요?

3. 상한 갈대를 꺾지 않으시고 꺼져가는 등불도 끄지 않으시는 하나님의 마음을 설명해 보세요.

4. 이와 같은 하나님의 모습을 닮아갈 수 있습니까?

8 – 2 "하나님이 만드신 자연 – 인간의 치유자"

봄, 가을이 되면 저는 어김없이 시간을 내어서 지인들과 자연으로 나아가 경치를 구경하고 또는 여러 꽃들을 감상하기도 합니다. 무슨 자연구경이고 꽃구경이냐고 반문하실지 모르지만, 시간을 내어서 하나님 창조하신 자연을 보고 그 속에서 하나님의 위대하심을 경험할 수 있다면 그보다 더 큰 선물이 어디 있겠습니까? 자연에 나갈 때마다 놀라는 것은 봄과 가을이 이렇게 아름다울 수 있다는 것입니다. 봄에는 보이는 산들마다 푸릇푸릇한 새싹을 내밀었는데 그 색이 연한 색들과 진한 색들로 조화를 이루고 있으며, 또 곳곳에는 진달래와 철쭉이 많이 피어있어 초록색과는 전혀 조화를 이루지 못할 것 같았지만, 어느 색이든 자연스럽게 조화를 이루어 내는 모습 앞에서는 탄성이 나올 수밖에 없었습니다. 그런데 그 모습들을 보면서 연발하여 탄성을 올리는 지인들이 있다면 보는 이의 마음을 더 들뜨게 하는 데 충분하지요. 누구나 할 것 없이 아름다운 자연을 보면 세상의 근심과 걱정을 다 잊고 완전히 그 아름다움에 몰입되는 것 같습니다.

이러한 모습 속에서 하나님의 창조를 떠올렸습니다. 하나님이 세상을 지으시고 좋았다고 하셨습니다. 하나님 눈에도 좋게 보이셨던 것입니다. 그리고 인간을 지으시고는 참 좋았다고 하셨습니다. 그리고서 하나님은 자신이 보시기에 좋으셨던 자연 만물 가운데 인간을 놓으시고 다스리고 통치하게 하셨습니다. 그러므로 최초의 인간은 그 아름다운 자연을 누리며 살아가는 존재였습니다. 어디를 가더라도 아름다운 자연이 그를 반겨주었을 것이고, 그 안에서 평안과 기쁨, 가슴 벅참을 누리며 살았을 것입니다. 이것이 우리 인간의 원초적인 모습입니다. 그렇기에 죄로 인하여 하나님의 형상과 모습이 깨어졌어도, 이러한 흔적들이 우리 안에 남아 있기에 아름다운 자연을 보면 안식을 누리고 탄성하며 기뻐하는 이유가 여기에 있습니다. 예수님을 믿지 않는 사람들이라도 아름다운 자연이 있는 곳이라면 어느 곳이든지 찾아가서 보고, 누리고, 기뻐하는 이유도 여기에 있습니다. 몸이 아픈 사람들이 마지막으로 자연 속에서 요양을 하는 이유도 여기에 있다고 볼 수 있습니다. 자연은 우리의 고향이고 세상을 함께 시작한 동반자였기 때문입니다.

보통 자연을 돌아보며 참된 안식을 누리고 돌아오면 육체적인 피곤함은 있지만, 그보다도 정신과 마음, 그리고 영적인 안식과 쉼이 있어서 마음에 감동이 남아 있습니다. 그날의 생각만 떠올리면 빙그레 미소가 지어집니다. 그리고 사진으로 남겨진 그때의 모습을 다시 보아도 감동이 있고 탄성이 나옵니다. 사랑하는 여러분! 혹시 안식과 쉼이 필요하십니까? 주변의 공원이라도, 그리고 아름다운 자연을 볼 수 있는 가까운 곳이라도 잠시 찾아가 주님을 떠올리며 쉼을 얻지 않으시렵니까? 그리고 그 속에서 찬양합시다! "주님의 높고 위대하심을!"

아름다운 자연은 우리의 또 다른 치유자입니다. 그 안에서 인간을 향한 하나님의 창조의 질서, 계획을 경험할 수 있기 때문입니다. 그리고 그 안에서 하나님의 놀라운 솜씨를 발견할 수 있기 때문이지요. 마치 이유 없이 아프고 힘들어하는 향수병에 걸린 사람이 고향에 돌아와 깨끗하게 낫는 것처럼요! 그리고 그렇게 그리웠던 부모님을 만나 모든 상처와 아픔이 잊혀지는 것처럼요! 하나님이 만드신 아름다운 자연을 누리며 회복을 경험하고 그 안에서 더 깊은 예배를 하나님께 올려드리는 자들이 됩시다!

1. 인간과 자연과의 관계를 하나님의 창조를 떠올리며 생각해 보세요.

2. 인간이 어떠한 자세가 있을 때 자연 속에서 치유 받을 수 있을까요?

3. 비 종교인들이라도 아름다운 자연을 좋아하고 사랑하며 즐겨 찾는
   이유가 창조질서와 연관지어보면 어떻게 설명할 수 있을까요?

4. 인간이 자연을 사랑하고 훼손된 자연을 회복해야 할 이유를 생각해
   보세요.

8 - 3 "하나님은 오늘도 우리를 위하여 기적을 일으키고 계십니다"

　한번은 신학대학원생들과 학부생들 모두 34명을 인솔하여 인도네시아 비젼트립을 다녀온 적이 있습니다. 인도네시아는 처음이었고, 또 이슬람 국가였지만, 온건한 이슬람세력들이 주류를 이루고 있기에 많은 선교사들과 전도자들이 복음을 전하기 위하여 연구하고 방문하는 나라라고 합니다. 비록 일주일간은 짧은 시간이었지만 온전히 하나님의 인도하심을 의지하여 일정을 소화하고 그 땅을 향한 하나님의 비젼을 바라보려고 노력하였습니다.

　인도네시아의 여러 곳들을 방문하였는데, 그 가운데 잊지 못할 방문지가 UPH(Universitas Pelita Harapan) 대학교였습니다. 이 대학교는 인도네시아에서 최고의 대학이라고 합니다. 1994년도에 설립되어 역사는 짧지만 세계 속에서 급성장하고 있는 대학교였습니다. 아마도 10년 안에는 세계 50위권 대학 안에 들어갈 것이라고 하였습니다. 그 대학교의 시설들을 둘러본 우리 학생들은 감탄을 연발하며 부러워하기도 하였습니다. 기숙사는 일류 호텔과 같았고, 식당(Food Court)도 백화점의 음식코너 이상으로 훌륭하게 차려져 있었습니다. 또 운동장은 천연잔디구장으로 되어 있었는데, 부천공설운동장보다 더 훌륭하고 넓으며 좋은 시설로 꾸며져 있었습니다. 국제 규격에 맞추어서 만들었다고 합니다. 하나님께서 왜 이러한 곳에 우리를 보내셨는가? 묻지 않을 수 없었습니다.

마지막으로 그 학교의 부총장님과 몇몇 교수가 우리들을 부총장 접견실에서 맞이해 주었습니다. 그리고는 UPH 대학에 대해서 자세히 설명해 주었습니다. 이 학교는 기독교 정신으로 세워진 대학이며 설립자이며 이사장은 중국계 기독교인으로 장로님이라고 하였습니다. 그리고 학교의 모든 직원들이 100% 기독교인들이고, 일주일에 정규적으로 채플이 있어서 직원들과 교수, 그리고 학생들이 참석한다고 하였습니다. 이슬람권 나라이기에 기독교 채플에 강제적으로 참여하게 할 수는 없지만, 4년 졸업할 때까지 모든 학생들이 한 번 이상은 복음을 듣고 졸업한다고 하였습니다. 출석율도 좋다고 하였습니다. 너무 감격적이었습니다. 나라의 대부분 국민들이 이슬람교도들인데, 그 나라에서 가장 좋은 대학이 기독교 대학이며 모든 직원들이 100% 기독교인들이고, 또한 복음을 전하여 듣게 하며, 멘토링을 하고 있다는 것입니다. 하나님께서 그 거대한 이슬람 나라를 향해 일하시고 계신 생생한 현장이었습니다. 눈물이 나지 않을 수 없었습니다.

그런데 부총장님이 학교 설명을 하시는데 계속 물을 드시고 힘들어하는 모습이 보였습니다. 건강이 좋지 않는가보다 생각을 했는데, 그분이 자신의 건강에 대해서 다음과 같이 말씀해 주셨습니다. 지금 암 투병을 하고 있는데 그래서 말하는 것이 수월하지 않다고 말입니다. 양해를 구한다고 하셨습니다. 그 순간, 강하게 그분을 위해서 기도하고 싶다는 생각이 떠올랐습니다. 그래서 제가 부총장님께 저와 학생들이 당신을 위해서 기도해드려도 되겠느냐고 물었더니 기꺼이 원한다고 답해주었습니다. 우리는 힘을 다하여서 이슬람권 나라에서 기독교 정신을 심으며 최선을 다하여 일하고 계신 부총장님을 위하여 기도하였습니다. 기도가 끝나자 부총장님은 계속하여 고맙다고 말씀하셨습니다. 하나님이 원하신다면 고치실 수 있다고 말씀도 드렸지요. 그리고는 인도네시아에서 보여주신 그 땅을 향한 비전을 마음에 담아 한국으로 돌아왔습니다.

그런데 비전트립에서 돌아온 지 거의 한 달이 되어갈 무렵, 인도네시아로부터 한통의 영어 이메일이 도착하였습니다. UPH 대학의 부총장님으로부터 온 것이었습니다. 그분의 암이 나았다는 것입니다. 하나님께서 치유해 주셨다는 것입니다. 그런데 그 과정에서 우리의 기도를 잊을 수 없어서 이렇게 메일을 보낸 것이었습니다. 저와 학생들의 뜨거운 기도를 잊지 못하겠고, 너무 감사하다고 편지가 온 것이었습니다. 저는 마구 뛰는 마음을 가눌 수 없었습니다. '하나님께서 그 척박한 인도네시아 땅에서 하나님을 위해서 일하는 하나님의 사람을 고치셨구나! 하나님은 오늘도 역시 믿는 자들을 통하여 기적을 베푸시며 일하시고 계시는 구나!'

그렇습니다! 하나님은 지금도 일하고 계십니다. 그리고 지금도 기적을 베풀고 계십니다. 하나님의 나라와 하나님의 일을 위해서 말입니다. 어떠한 이슬람 나라에서도 하나님은 구원의 역사를 위하여 일하고 계시고 기적을 일으키고 계십니다! 할렐루야! 암을 고치시는 하나님을 경험하니 너무 기뻐 마음을 가눌 수가 없습니다. 여러분! 우리 모두가 이 일에 수혜자요! 또한 그 하나님의 일과 기적을 펼쳐나가는 사람이 되고 싶지 않으십니까?

1. 기도하고 하나님께 간구함으로 하나님의 기적을 경험한 일이 있으십니까?

2. 하나님은 하나님의 구속의 역사와 회복을 위하여 오늘날에도 기적을 일으키심을 믿으십니까?

3. 나도 하나님의 기적을 일으키는 도구가 될 수 있고, 또한 수혜자도 될 수 있음을 믿습니까? 오늘날에도 믿는 자들에게는 초대교회에서 일어났던 역사들이 동일하게 일어날 수 있음을 믿습니까?

8 - 4 "하나님의 심판은 회복에 그 목적이 있습니다"

얼마 전 큐티를 하다가 하나님의 마음과 눈물이라는 어구에 초점이 맞추어졌습니다. 미가서 1장 8-16절까지의 말씀이 본문이었습니다. 본문을 보면, 미가 선지자는 자신이 선포한 메시지 때문에 슬퍼합니다. 사마리아가 받을 상처를 고칠 수 없고, 사마리아에게 임할 그 심판이 바로 유다와 예루살렘에도 곧 밀어닥칠 재앙의 전조이기 때문입니다. 그래서 미가 선지자는 벌거벗은 채로 들개처럼 맨발로 돌아다니며 타조처럼 슬피 울었습니다. 선지자의 애통은 곧 하나님의 애통입니다. 하나님은 그분의 백성을 심판하지만, 그러면서도 고통당하는 백성 때문에 눈물을 흘리십니다. 그리고는 블레셋이 이스라엘의 울음을 듣고 기뻐할까봐 가드에 알리지도 말고 울지도 말라고 말씀하십니다. 이것이 하나님의 마음입니다.

사랑하는 여러분! 선지자의 눈물을 보며 우리는 하나님의 어떠한 마음을 읽을 수 있을까요? 그것은 하나님의 사랑입니다. 지극한, 아주 지독한 사랑입니다. 죄 짓고 사는 우리가 죄에서 돌이키지 않을 때 우리의 죄값 때문에 심판하셔야 할 하나님이시지만, 하나님의 목적은 심판에 있지 않고 회복에 있음을 알 수 있는 대목이기도 합니다.

그런데 왜 하나님은 꼭 심판을 하셔야만 할까요? 그것도 아픈 마음으로 눈물을 흘리면서까지요? 여기에 대한 다양한 답변이 있을 수 있겠지만, 만약 하나님께서 죄에 대해 심판하지 않으신다면 이 땅의 질서는 어떻게 될까요? 눈에 보이게 무너지고 말 것입니다. 그리고 의롭게 살아야 할 필요도 없을 것입니다. 세상 사람들이 하나님의 존재를 믿든지 안 믿든지 하나님께서 죄에 대해서 심판하시고 의로우심을 나타내셔야 할 이유 중에 하나는, 이 땅을 궁극적인 심판 때까지 지키시고 하나님의 의로우심을 나타내셔서, 그 시간 안에서 사람들을 회복하시고자 하기 때문일 것입니다. 그러나 죄를 지었기에 막무가내로 그 대가를 물으시는 하나님이 아니십니다. 심판을 집행하시면서도 심판 때문에 아파할 백성들로 마음아파서 우시는 분이 하나님이십니다. 그것도 들개처럼, 타조처럼 애통해하면서 말입니다.

또 제 마음을 울리는 구절이 있었습니다. 그것은 이스라엘의 눈물 때문에 블레셋이 기뻐할까봐 가드에 알리지도 말고 울지도 말라는 기록입니다. 하나님의 자녀에 대한 심판이 블레셋의 웃음거리가 되기를 원치 않으셨던 것입니다. 하나님은 죄 지은 우리를 향한 이중의 눈물을 가지고 계십니다. 한편으로는 당신의 자녀들의 죄로 인한 심판 때문에, 그리고 다른 한편으로는 이방의 웃음거리가 되지 않기를 바라는 아버지의 눈물입니다.

기억하십시오! 하나님의 심판은 심판 그 자체에 목적이 있지 않습니다. 즉 그 심판으로 우리가 파멸과 멸망으로 몰락하기를 원치 않으십니다. 그 순간에도 돌아오기를 원하십니다. 하나님의 심판은 회복에 목적이 있습니다. 나의 죄를 심판하시지만, 들개처럼 그리고 타조처럼 울고 계시는 하나님의 마음을 읽어보십시오! 그리고 나의 심판으로 인하여 나의 대적들이 웃지 못하도록 조치를 취하고 계시는 아버지의 마음을 읽어 보십시오! 그리고 나를 바라보십시오. 내가 해야 할 바가 무엇일까요?

1. 하나님의 심판은 회복에 초점이 있다는 깃을 이떻게 설명할 수 있을까요?

2. 들개처럼, 타조처럼 슬피 우시는 하나님의 마음을 당신은 이해할 수 있습니까? 그들이 슬피 우는 것을 들어 본 적이 있나요? 상상은 하시겠습니까?

3. 하나님의 이중적인 눈물의 의미는 무엇입니까? 그 안에 담겨있는 의미를 말해 보세요.

4. 하나님의 아픔과 눈물을 묵상해 본적이 있습니까? 하스데반 선교사가 만든 "하나님께로 더 가까이 갑니다"라는 찬양의 가사를 묵상해 보세요.

8 - 5 "우리는 하나님의 전부입니다"

얼마 전 저는 교회 청년들과 제가 훈련시키고 있는 서울신학대학교의 기노스코 멤버들과 함께 일본 땅을 방문하고 돌아왔습니다. 모두 24명이 일본 오사카와 동경을 방문하고 하나님께서 그 땅을 향한 계획과 마음, 그리고 비젼들을 품게 하셔서 울며 기도하고 돌아왔습니다. 시간 시간마다 은혜의 시간들이었고 하나님께서 역사하시는 시간들이었습니다. 특별히 영적으로 공급이 필요했던 선교사님들을 방문하며, 또 여러 선교사님들이 한군데 모이신 집회에서 복음을 전하고 함께 기도했던 시간들은 잊을 수 없었습니다. 성령께서 기름부으시는 가운데, 복음 안에서 선교사님들이 회복되어지고 함께 부둥켜안고 울 수 있었던 시간들이었기 때문입니다.

일정이 끝나고 나서 돌아와 청년들과 이야기들을 나누는데, 그 청년들이 공통적으로 고백하는 이야기가 있었습니다. 그것은 이번 비젼트립을 통해서 하나님은 일본이라는 땅도 보고 품게 하셨지만, 먼저는 신앙적으로 교만해져 있던 나를 발견하게 하셨고, 또 잊고 있었던 신앙의 원리들을 되찾고 회복하게 하신 시간들이었다는 것입니다. 한 청년은 신앙의 근본을 되찾는 시간이었다고 고백하였고, 또 한 청년은 우리가 하나님께 집중하면 하나님께서는 언제든지 찾아오시는데, 그것을 깊게 경험하였다고 하였습니다. 그리고 다른 청년은 일본의 신앙상태에 대해서 굉장히 교만한 마음으로 그들을 평가하고 바라보았지만, 일본의 영적인 상태가 바로 나의 영적인 상태와 같다는 것을 깨닫게 하신 하나님을 찬양하였습니다. 청년들은 각자가 받은 은혜를 나누면서도, 왜 일본 땅까지 가서 그 땅보다, 이렇게 나를 바라보게 하시고 나를 회복되게 하실까? 하고 의아해하기도 하였습니다.

그때 제가 마지막으로 청년들에게 코멘트 하였습니다. "하나님의 가장 큰 관심은 구원받은 우리들입니다. 우리들이 먼저 회복되어야 선교도 가능하고 전도도 가능하고 열방을 품고 울 수도 있습니다. 회복되지 않은 상태로 동기가 부여되어 하는 일들은 일회성으로 끝날 수 있습니다. 우리가 살고 있는 대한민국에서, 하나님이 우리를 향해 사랑한다고 외치고 속삭여도 깨닫지 못하기에, 하나님은 우리를 일본 땅까지 보내어 그 하나님의 사랑을 깨닫게 하신 것입니다. 하나님은 어떤 대가를 치루고 서라도 우리에 대한 하나님의 사랑을 확증하시기를 원하십니다. 그 대가는 하나도 아깝지 않은 것입니다. 만약 하나님께서 우리가 있는 곳에서 하나님의 사랑을 깨닫지 못한다면 큰 비용을 지불하고서라도, 우리가 깨달을 수 있는 곳으로 보내어 하나님의 사랑을 깨닫게 하실 것입니다. 하나님에게 여러분들은 전부입니다."

그렇습니다! 하나님에게 있어서 우리들은 하나님의 전부입니다. 그렇기에 필요하면 어떠한 대가를 지불하고서라도, 그리고 어떠한 희생을 치루고 서라도 당신의 사랑을 확증시켜서 우리를 회복시키시기를 원하십니다. 그 하나님의 사랑을 우리가 있는 삶의 자리에서 느껴보시지 않으시렵니까? 눈물과 감사와 기쁨을 회복하시지 않으시렵니까? 지금 여러분들이 어떠한 상황과 환경 속에 있다고 할지라도 여러분들은 하나님의 전부입니다!

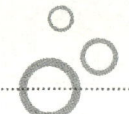

1. 왜 나는 하나님의 전부입니까? 왜 내가 그렇게 소중한 존재일까요? 나는 자신을 그렇게 생각해 본적이 있습니까?

2. 왜 일상생활에서 떨어진 곳에서 하나님은 우리를 더 깊게 만나주시고, 나를 향한 하나님의 사랑을 알게 하실까요?

3. 한 영혼이 천하보다도 귀하다는 성경의 말씀을 이해할 수 있습니까?

8 – 6 "기본으로 돌아가라"

　　국민타자라고 불리우는 이승엽 선수는 승부사의 기질을 타고난 사람이었기에 가장 결정적일 때 한방을 칠 수 있는 선수로 잘 알려져 있습니다. 그렇기에 청중을 흥분시키고 야구의 묘미에 빠져들도록 만드는 사람 중에 한 사람입니다. 그러나 그뿐만이 아니라, 홈런을 잘 칠 때에는 40개가 넘는 홈런을 치면서 신기록의 사나이로 불려 지기도 하였습니다.

　　그러나 이승엽 선수에게도 슬럼프는 있었습니다. 우리가 알다시피, 그는 일본으로 건너가 첫 해에는 기대와 호응 속에 어느 정도의 성적을 올리는가 싶더니 그 후에는 기대만큼의 성적을 올리지 못하고 보는 사람들을 안타깝게 만들었습니다. 주변의 지인들, 그리고 야구계의 선배들이 그를 도우려고 많이 애썼습니다. 그런데 그를 돕기 위해서 그의 주변에 찾아든 야구계의 선배들은 하나같이 이승엽 선수의 기본 폼이 무너진 것에 대해서 조언을 하였습니다. 홈런이 잘 나올 때에는 기본 스윙 폼에 문제가 없었다는 것입니다. 그런데 지금 이승엽 선수를 보니 자세가 흐트러져 있다는 것입니다. 기본 폼으로부터 이탈된 부분이 있다는 것입니다. 전문가들이 보니, 지금은 그때와는 달리 한쪽 다리에 많은 힘이 들어가 있다던가, 아니면 몸이 많이 틀어져 있다든지... 아무튼 기본자세와 많이 달라져 있다는 것입니다. 그렇습니다! 많은 사람들은, 아니 전문가라고 할지라도 이승엽 선수가 왜 슬럼프에 빠져 있는지 모든 이유를 다 알지 못합니다. 그러나 야구를 아는 대부분의 사람들은 슬럼프가 생긴 가장 중요한 이유를 야구의 기본에서 찾으려 합니다. 기본이 안 되면 모든 것이 안 되기 때문입니다.

복음전도에 있어서도 마찬가지인 것 같습니다. 요즈음 수많은 방법들이 밀물처럼 나오고, 또 많은 교단과 교회들이 전도를 강조하고 있지만, 노력하는 만큼 전도의 열매가 맺혀지지 않거나, 전도 자체를 힘들어 하기도 합니다. 힘들고 어려워 잘되지 않을 때에는 이유가 있습니다. 그 이유를 발견하기 전에 무조건 현대사회는 전도하기 힘든 시대라고만 단정하지 마십시오. 어느 시대든지 전도하기 쉬웠던 시대는 없었습니다. 기독교 역사가운데 가장 전도의 열매가 풍성하게 맺혔던 초대교회 시대에는 전도하기가 더 어려웠던 시기였습니다. 로마의 지배 하에서 예수를 주로 고백하면 잡혀가고 핍박받아 죽을 수 있는 시기였기 때문입니다. 그러나 복음 전하기를 쉬지 않았고 그 복음전도의 열매는 가장 풍성하게 맺혀 결실을 볼 수 있었습니다.

그렇다면 초대교회의 복음전도와 오늘날의 전도에는 어떠한 차이가 있을까요? 왜 전도가 어려운 것일까요? 가장 중요한 이유, 혹은 차이점을 들자면, 본질에 충실한 차이입니다. 초대교회의 전도는 예수님의 전도 모습 그대로, 복음을 전하여 영혼을 구원하며 하나님 나라를 확장하는데 모든 초점이 있었습니다. 그러나 오늘날의 전도는 다분히 교회 부흥과 성장에 초점이 맞추어져 있지는 않습니까? 그것이 잘못 되었다기 보다는, 성경이 말하는 본질적인 전도와 거리가 떨어져 있다는 것이 문제입니다. 교회의 부흥과 성장에 초점을 두고 전도하다보면 방법과 기교가 강조되지만, 영혼구원과 하나님 나라 확장에 주된 초점을 두면 사람을 변화시킬 수 있는 복음의 능력과 십자가의 도에 강조를 두고 더 깊게 경험하기 위해서 노력합니다. 그런데 후자가 기독교의 본질적인 부분이 라는 것입니다.

그러므로 현대 전도가 힘들고 어렵고 안 된다고 하지 말고, 그 이유를 기독교의 본질, 그리고 전도의 기본에서 찾으십시오! 그리고 무엇을 위해서 전도해야 하며, 왜 전도에 전력을 다해야 하는지 다시 무장하여야 합니다. 이것이 효율적인 전도, 그리고 열매 맺는 전도를 위한 가장 중요한 방법입니다. "기본으로 돌아가십시오!"

1. 기본이 중요한 이유를 생각해 보세요. 무엇을 하든지 기본 폼을 익히 고 나서 더 발전된 모습으로 나아갈 수 있는 것 아니겠습니까?

2. 기본과 본질은 고장 난 부분이 무엇인가를 가르쳐 주는 척도기와 같습니다. 거의 모든 고장은 기본과 본질에 충실하지 못한 부분에서 나오기 때문입니다. 이러한 차원을 복음전도와 관련시켜 생각해 보세요. 복음전도를 위하여 무엇을 강조해야 할까요?

3. '돌아가는 지름길'이라는 어구를 들어본 적이 있습니까? 이 어구가 주는 의미를 생각해 보세요.

8 - 7 "아버지 품으로"

    며칠 동안 저는 영적인 보금자리인 '하나님 나라'와 그 곳에 계신 '하나님 아버지'를 많이 생각하고 떠올렸습니다. 아마도 제가 지치고 힘든 부분이 있어서 기대고 싶고 위로받고 싶은 마음이 있어서 그런지도 모르겠습니다. 특별히 문제가 있는 것은 아니지만, 때때로 세상을 살아가면서 위로 받고 싶고 포근히 기댈 곳이 그리워지기도 하지 않습니까? 우리가 세상적으로도 힘들고 지치거나, 혹은 세파 속에서 지쳐있을 때 마지막 보루로서 떠올리며 찾아가고픈 단어가 '아버지' 아닙니까?

    저 역시 대학생활을 위하여 아버지가 계신 제천을 떠나 서울로 올라와서 공부할 때, 평상시에는 대학생활을 마음껏 즐겼지만 몸이 아프거나 사람들에게 상처를 입고, 또는 돈이 떨어졌거나 육체적으로 지쳤을 때 가장 많이 떠올랐던 단어가 '아버지'였고 '가정'이었습니다. 그래서 아버지가 계신 제천에 전화를 걸어 내가 있는 상황들을 다 이야기 하고 그 부모님의 음성을 들으며 힘을 내곤 했던 일들이 기억납니다. 그 부모님의 이야기를 듣는 것만으로도 힘이 되지만, 부모님은 제 이야기를 들으시고 있는 문제를 해결하기 위하여 직접 그 방법을 제시하시고 조치를 취해 주시기도 하셨습니다.

그런데 우리가 신앙하고 있는 아버지 역시 우리에게는 그러한 존재이십니다. 아니, 우리의 육신의 아버지보다도 더 우리를 품어주시는 분이시지요. 왜냐하면 그분은 우리를 창조하신 창조주이시자 영적인 아버지이시기 때문입니다. 지난 주간에는 그 하나님 아버지를 묵상하는데 그분이 많은 말씀들을 해 주셨습니다. 실은 많이 지친 모습이 있었고 또 육체적으로 힘든 부분들이 있었거든요. 그런데 세상적인 근심과 걱정, 그리고 힘든 모습들을 내려놓고 그 아버지 품에 안기자, 아버지께서는 여지없이 나를 만나주셨고 포근한 평강으로 나를 감싸 안는 것을 느낄 수 있었습니다. 마치 고향에 온 느낌이라고 할까요? 누가복음 15장에서 둘째 아들이 아버지가 있는 집으로 돌아갔을 때, 그 아버지가 무조건 달려 나와 그 아들을 말없이 먼저 안아주셨듯이 말입니다.

이렇게 아버지께 안기면 모든 것에서 자유로울 수 있는데, 그리고 아버지께 안기면 다시 일어날 수 있는 새 힘을 얻을 수 있는데, 아버지께 돌아가면 그 포근함과 평강이 있는데 때로는 잠시 잊고 있었을 때로 있었습니다. 아무 말도 하지 못하고 눈물만 흘렸을 때도 있었습니다. 어떠한 말을 하지 않더라도 아버지께서 나를 잘 아실 것이기 때문입니다. 마치 유치원에 처음 가는 어린아이가 부모를 떠나기 싫어 떼를 부리다가 억지로 유치원에 남겨졌는데, 저녁때 부모를 만나 그 서러움을 눈물로 호소하는 것과 같습니다. 하루 종일 일어난 낯선 일들을 다 기억하여 말하지 못하여도, 부모는 알고 있지요. 그날이 그에게 얼마나 서러웠는지를요. 말하지 않더라도...

사랑하는 여러분! 우리가 신앙하고 있는 아버지는 지금도 우리를 안아주시기 원하십니다. 세파 속에서 힘들고 어려웠던 모든 마음들을 위로하시기 원합니다. 그 속에서는 말없이 울기만 하여도 힘이 솟는 장소입니다. 그리고 평강을 얻을 수 있는 곳입니다. 보이시지 않으세요? 팔을 벌리고 서 계신 아버지 말입니다! 그 아버지 품에서 위로와 평강을 느낄 수 있기를 원합니다.

1. 나의 삶의 보루, 인생의 마지막 보루는 어디이며, 혹은 누구입니까?

2. 하나님 아버지의 안아주심을 느끼며 한없이 울어 본 적이 있으십니까?

3. 집 나간 탕자를 계속해서 기다리셨던 아버지이기에, 내가 원한다면 우리 하나님 아버지는 얼마든지 만날 수 있는 아버지이신 것을 믿습니까?

"믿음"에 관한 보다 깊은 묵상

하루는 어느 날 밤, 큰 아이 효진이가 머리가 아파서 잠을 이루지 못
하고 있는 모습을 보았습니다. 저는 효진이에게 다가가서 "효진아, 머리
가 많이 아프니? 기도는 했어?"하고 물어 보았습니다. 그런데 효진이가
울먹이며 "기도했단 말이예요 두 번이나 했어요!"하고 대답하였습니다.
효진이의 대답에는, 기도를 했는데 머리는 계속 아프고 하나님께서 낫게
하시지도 않고 그래서 지금 힘들다는 의미가 강하게 내포되어 있었습니
다. 저는 아이들에게 교육하기를, 항상 아프거나 문제가 생기면 하나님께
먼저 기도하라고 일러 놓았기에, 효진이는 머리가 아파서 기도는 했는데
하나도 호전된 상황도 없으니 이제는 어떻게 하라는 것이냐는 투정이 섞
여 있기도 했습니다. 참 당황되는 상황이었습니다.

저는 조용히 효진이에게 다가가서 하나님께 기도해도 응답이 없을

수 있는 이유 중에 하나인 믿음에 대하여 이야기를 해주고 가르쳐 주어야 겠다고 생각하였습니다. "효진아! 기도는 무조건 문제가 생기면 투정을 부리듯이 보고하는 섯이 아니리, 에수님께서 반드시 내 기도를 들으시고 능력 있는 손으로 찾아오시며 낫게 하시고 해결해 주실 것을 믿고 기도해 야 한다."고 가르쳐 주었습니다. 기도에 있어서 믿음이 얼마나 중요한지 를 가르쳐 주었습니다. 믿음이 없는 기도가 얼마나 무력한 것이고, 또한 우리를 형식에 빠뜨리게 되는지도 가르쳐 주었습니다. 한참을 설명을 들 은 효진이는 머리를 끄덕이며 알겠다고 대답을 했습니다. 그리고는 효진 이에게 하나님께서 원하시면 지금이라도 낫게 하실 수 있다는 믿음을 가 질 것을 말하고 저 역시 믿음을 가지고 효진이 머리에 손을 얹어 기도하 였습니다. 기도를 마치자 효진이는 마음이 평안해 졌는지, "감사합니다" 라고 인사를 건넨 뒤 금방 잠을 잘 수 있었습니다. 참 감사했습니다.

우리 하나님의 능력은 무한하십니다. 그 분은 전능하신 분이십니다. 우리를 창조하신 창조자 이십니다. 지금도 우리를 말씀으로 재창조 하실 수 있는 분이십니다. 어떠한 질병도 고치지 못할 것이 없습니다. 어떠한 문제도 해결하지 못할 것이 없습니다. 하나님은 하나님의 자녀인 우리들 이 문제를 가지고, 질병을 가지고 살아가기를 원치 않습니다. 그런데 무 엇이 하나님의 치유와 문제의 해결을 막고 있는 것일까요? 여러 가지 이 유가 있을 수 있지만, 가장 중요한 것은 우리의 믿음입니다. 하나님께서 하실 수 있다고 하는 믿음! 하나님께서 고치실 수 있다고 하는 믿음! 지금 당장이라도 역사하실 수 있다는 믿음! 그렇습니다. 그 믿음이 있다면 오 늘날에도 하나님은 사도행전에 나타난 역사들을 재현시키시며, 또한 초대교회와 같은 부흥을 경험케 하실 수 있습니다.

　그렇다면 왜 믿음을 갖기가 힘들고 어려울까요? 먼저는 지속적으로 주님을 만나는 경험이 부족해서 그렇습니다. 믿음이라는 단어는 무조건 믿겠다고 덤벼들어서 믿어지는 것이 아닙니다. 우리한 어떠한 사람을 믿게 되는 과정에서도 처음 만나서 무조건 믿음이 생기는 경우는 거의 없습니다. 있다고 해도 진정한 믿음이라고 볼 수 없지요. 시간이 지나며 그 사람을 알아가면서 믿음이 생겨나는 것이지요. 서로의 관계 속에서 생겨지고 깊어가는 것이 믿음인 것 같습니다. 그러므로 우리와 주님의 경우에 있어서도 마찬가지입니다. 주님과 교제가 있고 그 교제의 관계 속에서 주님에 관한 믿음이 점차 깊어져 갈 때 구체적이고도 확실한 믿음을 구사할 수 있습니다. 물론 하나님에 관한 지식만을 가지고 믿음을 구사할 수도 있는 경우가 성경에는 여럿 있습니다. 하지만 제자들을 훈련시키실 때에도 예수님은 여러 가지를 경험하게 하시고 보게 하시며 예수님에 관한 믿음을 온전히 갖도록 하신 것을 볼 수 있습니다.

　다음으로는 현실적으로 보이고 감지되는 상황과 여건이 주님보다 더 커 보이기 때문에 믿음을 구사할 수 없게 됩니다. 성경에 보면, 오병이어의 기적을 경험한 뒤 배를 타고 건너편으로 가던 제자들에게 파도가 일어 거의 죽게 되었을 때 예수님은 그들을 찾아오셔서 베드로에게 물 위를 걸어오라고 하신 사건이 나옵니다. 그러나 베드로는 믿음을 구사하지 못하고 의심과 두려움으로 물위를 걷지 못합니다. 그때 주님은 "믿음이 적은 자여, 왜 의심하는가?"라고 말씀해 주시지요. 베드로에게 있어서 믿음을 구사하지 못하도록 방해하였던 것은 현실적으로 주님보다 더 커 보이는 파도와 풍랑이었기 때문입니다. 주님이 현실보다 커 보이고 신뢰할 수 있다면 물 위를 걸을 수 있는 것입니다. 이러한 내용을 찬양으로 담은 노래가 있어서 들으며 믿음을 다져보곤 합니다. 사랑하는 여러분! 믿음이 기적을 낳고 믿음이 세상을 이기게 합니다. 바다를 걷는 믿음이 우리게 있어지기를 원합니다.

"무엇이 너를 죽게 하였느냐 무엇이 다 끝났다고 하느냐
너도 다른 사람처럼 날 원망하며 모두 포기하려 하느냐
무엇이 널 무릎 꿇게 하느냐 무엇이 널 울게 만들었느냐
모두 다 길이 없는 바다라고 포기해도 너만은 날 신뢰하느냐

걸어오라! 걸어오라! 어찌하여 나에게 죽는다하느냐!
걸어오라! 걸어오라! 두려말고 바다를 걸어 내게 오라"

1. 믿음을 갖지 못하는 이유는 어떠한 것들이 있을까요?

2. 주님과 지속적인 만남의 교제가 있다면 믿음에 큰 도움이 되는 이유가 무엇입니까?

3. 왜 믿어야 하나님의 역사가 일어나는 것일까요? 믿음은 하나님의 기적을 일으키는 도구가 맞습니까? 그렇다면 하나님은 하나님의 역사를 일으키시기 위하여 우리에게 무엇을 요구하시는 것이라고 생각하세요?

9 - 2 "불로 연단한 금을 사서 부요케 하라"

요한계시록 3장에 보면, 소아시아의 일곱 교회가운데 라오디게아 교회가 마지막으로 등장합니다. 예수님이 보시는 라오디게아 교회의 가장 큰 특징은 뜨겁지도 않고 차겁지도 않는 미지근한 교회였습니다. 그래서 예수님은 그 미지근함을 토해 내쳐버리고 싶다고까지 하셨습니다. 도대체 미지근함이란 무엇을 의미할까요? 성경의 본문(계 3:14-22)을 근거로 말할 수 있는 것은, 라오디게아 교회는 예수님을 향한 뜨거운 열정도 없었고 차거울 만큼 냉철한 이성을 가지고 예수님을 변호하지도 못하였습니다. 바로 이것이 그들이 지적받은 영적인 미지근함의 근본 입니다. 그들은 단지 그리스도인이라는 명칭만 가지고 있는 자들과 같은 사람들이 었습니다. 그리고 영적인 눈이 어두워 실상은 곤고하고 가련하며 가난한 자들이었지만, 그들 스스로는 부자요, 부요하고 부족한 것이 없는 자라고 여기는 자들이었습니다. 이것 또한 미지근한 상태에 있는 사람들의 특징이라고 할 수 있습니다. 자신의 영적인 상태를 제대로 파악하지 못하기에 뜨거운 열정도, 그리고 차가운 냉철함도 가지지 못한 미지근한 자들 말입니다.

예수님은 그러한 자들에게 불로 연단한 금을 사서 부요하게 하라고 말하고 있습니다. 눈에 보이는 돈, 명예, 권세가 우리의 부요함의 요인이 되지 않습니다. 아무리 돈이 많고, 높은 지위를 가지고 명예를 지니고 있어도 결코 부요한 자가 아니라는 것입니다. 예수님의 기준에서 보면, 불로 연단한 금을 가지고 있는 사람이 부요한 자라는 것이지요. 그러면 불로 연단한 금은 무엇을 말하는 것일까요? 이는 여러 가지 고난을 통하여 다져진 우리의 믿음을 말합니다. 베드로전서 1장 7절에 보면, "너희 믿음의 확실함은 불로 연단하여도 없어질 금보다 더 귀하여..."라고 기록하고 있기 때문입니다. 즉, 예수님은 미지근함을 가지고 있는 라오디게아 교회를 향하여 고난을 두려워하지 말고 그것을 통하여 그들이 가지고 있는 믿음을 단련하라고 말씀하고 계신 것입니다. 이렇게 보자면 라오디게아 교회가 미지근함을 가질 수밖에 없었던 이유가 도출됩니다. 그것은 고난을 두려워했고, 또 그 고난을 피했기 때문입니다. 그렇기에 그들이 가지고 있던 믿음이 단련되지 못하고 이것저것에 타협하는 신앙이 되었던 것입니다. 주님은 이것을 싫어하셨습니다.

믿음은 연단을 통하여 금보다 더 귀한 것으로 바뀌어 집니다. 로마서 5장 1-4절을 보면 이것에 관한 내용이 자세히 나타납니다. "그러므로 우리가 믿음으로 의롭다 하심을 받았으니 우리 주 예수 그리스도로 말미암아 하나님과 화평을 누리자... 우리가 환란 중에도 즐거워하나니 이는 환란은 인내를, 인내는 연단을, 연단은 소망을 이루는 줄 앎이로다"우리는 예수를 믿음으로 환란 가운데에서도 즐거워 할 수 있는데, 그 믿음으로부터 시작된 구원은 환란 속에서 연마되어지며 인내와 연단과 소망을 낳기 때문이라는 것입니다. 이것을 거꾸로 말하자면, 믿음이 없이는 환란 속에서 쓰러지고 넘어지며 어떠한 인내와 연단과 소망이라는 열매도 맺을 수 없음을 나타내주는 것이라 할 수 있습니다.

저는 오늘날 한국 교회를 향해서도 주님께서 동일한 말씀을 하시고 싶어 한다고 믿습니다. 많은 성도들이 고난을 통하여 다져진 믿음으로 풍요케 되기를 원하신다는 것이지요. 타협하지 않고 믿음을 지키며 고난을 감수하라는 것입니다. 이것이 기본적으로 되어 질 때, 우리의 입이 열려져 예수를 말할 수 있게 되는 것입니다. 무엇인가 내가 경험한 것이 있어야 우리의 입이 열려진다는 것입니다. 사랑하는 여러분! 예수님의 말씀을 떠올리며 "불로 연단한 금"을 사서 우리 자신을 풍요롭게 만들어 보면 어떨까요?

1. 라오디게아 교회의 가장 큰 문제는 무엇이었습니까? 믿음과 연관시켜 생각해 보세요.

2. 불로 연단한 금을 사서 부요케 하라는 말씀은 무엇을 의미하는 것입니까?

3. 우리의 믿음이 어떠한 과정을 통해서 금보다도 더 귀한 것으로 바뀌어 지나요?

4. 믿음은 환란이라는 과정을 통해서 어떠한 열매들을 만들어 냅니까? 믿음이 없이 그 열매들을 만들어 낼 수 있습니까? 없다면 왜 그럴까요?

9 - 3 "기다리시고 인내하시는 하나님"

하나님은 아브라함이 75세 때, 그에게 나타나셔서 인류의 구원을 위한 소명을 주시고 큰 비전을 주셨습니다. 아브라함이 "본토와 친척과 아비의 집을 떠나서 내가 네게 지시할 땅으로 가면 네 이름을 창대케 하고 너로 큰 민족을 이루어 주신다"는 말씀이었습니다. 이에 아브라함은 하나님의 부르심과 목적을 위하여 순종하며 아비의 집을 떠났지만 100%의 순종은 아니었습니다. 그것은 아브라함에게 아킬레스건과 같은 부분이 있었기 때문입니다. 바로 자식에 관한 부분이었습니다. 하나님의 축복의 약속은 아브라함을 통하여 후손이 크게 번창하고 큰 민족이 생겨나게 하신다는 것인데, 아브라함은 이 약속의 말씀만큼은 온전히 받아들이지 못하였던 것 같습니다. '75세가 될 때까지 아들을 갖지 못하였는데 어떻게 지금 생겨날 수가 있겠어?' 라고 생각하였던 것 같습니다. 그렇기에 그는 하나님의 부르심대로 본토와 친척과 아비의 집을 떠나기는 했지만 만약을 대비하여 조카 롯을 데리고 떠났습니다. 여차하면 조카로 하여금 양자로 삼아 가업을 잇겠다는 것이었습니다.

믿음의 조상이라고 불리워진 그였지만 처음부터 100% 믿음을 보여드렸기에 그 칭호가 붙은 것은 아니었습니다. 처음에는 그도 인간으로서 할 수 없었던 일에 대해서는 하나님을 절대적으로 신뢰할 수 없었습니다. 그런데 아브라함의 일생을 가만히 살펴보면, 결국은 하나님을 신뢰하지 못하였던 아들에 관한 문제 때문에 일이 지연이 되고 어려움들이 생기고 아픔이 있었던 것을 볼 수 있습니다. 그러나 하나님은 그러한 과정들을 통하여 아브라함의 아킬레스건과도 같은 부분이 하나님께 내려놓아질 수 있도록 하셨습니다. 물론 이 과정 속에서 아브라함도 자신이 할 수 있는 모든 것을 해 보았습니다. 여차하면 조카 롯에게 대를 이어볼까도 생각해 보았지만, 롯은 분란만 일으키는 자로서 갈라설 수밖에 없었고, 하갈에게서 이스마엘을 낳아보았지만 가정의 분란의 원인이 되어 쫓아내었습니다. 이제 인간적인 방법으로 대를 이을 방법이 없게 되었을 때 하나님은 그를 찾아 오셔서 아들의 귀한 소식을 주시고 인간으로서는 불가능한 100세에 아들을 낳아 하나님의 언약을 이룰 수 있게 하셨습니다.

75세에 부르심을 받았는데 100세까지 왜 25년이나 기다리게 하셨을까요? 즉시 응답하시면 안 되었을까요? 아브라함에게는 너무 힘든 시간이 아니었을까요? 우리는 흔히 이렇게 질문할 수 있지만, 이것은 우리 편에 던질 수 있는 질문인 것 같습니다. 즉, 우리는 아브라함이 25년을 기다렸다고 생각할 수 있으나 실제로 기다리신 분은 하나님이십니다. 아브라함이 하나님의 부르심에 100%의 믿음을 가지고 온전히 순종만 하였다면 금방이라도 후손을 얻을 수 있었으나, 후손의 문제에 대해서만큼은 불순종하였던 사람이 아브라함이었습니다. 그러므로 하나님은 아브라함이 그 부분마저도 하나님께 온전히 내려놓을 수 있도록 25년이나 기다리셨습니다. 하나님은 순간순간 아브라함의 행동들을 보시며 안타까워하시며 아파하셨습니다. 그러나 하나님은 비인격적으로 아브라함을 독촉하거나 힘들게 하지 않으셨습니다. 오히려 인격적으로 대하시며 아브라함이 스스로 자신의 인격을 하나님께 드려 동의하기를 기다리셨습니다. 독자 여러분! 이 분이 우리 하나님이십니다. 그리고 그 하나님은 오늘도 우리가 전 인격을 가지고 하나님의 뜻과 계획에 동의하기를 기다리고 계십니다. 그 분은 인격적인 분이십니다. 그 인격적인 하나님을 묵상하고 그 기다리심이 종결될 수 있도록 행동할 수 있는 우리가 됩시다.

1. 하나님의 부르심에 대한 아브라함의 믿음이 100%라고 할 수 없는 이유를 말해 보세요.

2. 100%의 믿음을 보이지 못한 아브라함을 향하여 하나님께서는 어떻게 하셨습니까? 하나님께서 어떻게 행동하신 것이 인격적이었다고 할 수 있습니까?

3. 내가 기다렸다고 생각했는데 궁극적으로는 하나님께서 기다리셨습니다. 그러한 사실을 깨달았던 사건들이 있습니까?

4. 하나님께서는 왜 우리를 기다리실까요? 믿음과 연관 지어 생각해 보세요. 기다리시는 하나님의 마음을 헤아려 본적이 있습니까?

9 - 4 "이 산지를 내게 주소서"

하나님께서 여호수아를 통하여 가나안 땅을 점령하게 하시는 모습이 여호수아서에 자세히 기록되어 있습니다. 우리는 흔히 생각하기를, 하나님께서는 여호수아를 통하여 가나안 땅을 완전히 점령한 후에 그 땅을 열 두 지파에게 분배하셨다고 생각할 수 있습니다. 그러나 하나님의 방식은 달랐습니다. 하나님은 가나안 땅에 가장 위협이 되는 세력들만을 제거하신 후 열 두 지파에게 땅을 분배하고서 각 지파들이 분배 받은 땅에 들어가 나머지 잔당들을 몰아내고 그 땅을 온전히 차지하도록 하셨습니다. 즉, 가나안땅의 가장 큰 세력이었던 남쪽의 예루살렘 왕 아도니세덱을 쳐부수게 하셨고, 북쪽의 하솔 왕 야빈을 중심으로 한 연합군들을 무찔러주셨습니다. 남과 북의 큰 세력이 무너졌으므로 이제 가나안 땅은 그다지 위협이 되지 않는 세력들만 남아 있다고 해도 과언이 아닙니다. 잔당들만 남아 있는 것입니다. 이스라엘은 이미 가장 큰 세력들이 하나님의 능력 앞에서 섬멸된 모습을 보았기에, 각 지파들이 믿음을 가지고 자신들의 힘만 합친다면 못할 일도 없었습니다.

그러나 각 지파의 상황은 달랐습니다. 유다지파와 같은 경우, 그들은 힘을 합하여 그들에게 할당된 땅 안에 있던 가나안 거민들을 완전히 몰아내었습니다. 그리고 힘이 부족하여 도움을 요청하는 다른 지파의 요청에도 응해주었습니다. 그러나 다른 지파들은 두려움과 게으름 때문에 그들에게 할당된 땅에 슬며시 들어가 가나안 거민들과 같이 살거나, 아예 전쟁을 포기하는 지파들도 있었습니다. 단 지파가 그 대표적인 예입니다. 단 지파는 자신에게 할당된 땅을 포기하고 다른 편한 곳에 정착하였습니다. 하나님의 명령은 그 땅의 거민들을 완전히 몰아내고 정착하라는 것이었는데, 두려움과 안주의식으로 많은 지파 사람들이 그 땅에 거주하는 거주민들을 완전히 몰아내지 못하고 같이 살게 되었던 것입니다. 이것이 문제입니다. 이스라엘 사람들은 지금까지 광야생활을 하며 유목생활을 했습니다. 그러니 정착생활을 해보지 못한 상태에서 이미 정착한 사람들과 같이 살다보면, 그들의 삶의 모습들을 배우게 되어 있고, 그러다가 나쁜 모습들까지도 쉽게 배울 수 있는 것이 문제였습니다.

바로 이러한 때에 갈렙은 여호수아에게 담대히 나아갑니다. 그리고 아무도 선 뜻 나서지 못하는 땅인 헤브론 땅을 달라고 요청합니다. 헤브론 땅은 크고 견고하며 아낙자손의 후손이 살고 있는 땅으로 거인들의 왕국이라고 부를 수 있는 곳이었습니다. 그런데 갈렙은 선뜻 그 땅을 자신이 취할 수 있도록 허락해 달라고 요청한 것입니다. 우리는 이 요청을 보며 '믿음이 있는 사람은 달라' 라고 생각하고 갈렙의 믿음만을 칭찬할 수 있습니다. 또한 한 순간적인 사건이라고 치부해 버릴 수도 있습니다. 그러나 그렇지 않습니다!

갈렙은 이 고백을 하기 위하여 40년 이상을 기다려왔습니다. 생각해 보십시오! 가데스바네아에서 가나안 땅을 정탐하기 위한 정탐꾼으로 그 땅을 밟고 믿음의 고백을 하였던 사람이 여호수아와 갈렙이었습니다. 비록 나머지 10명의 정탐꾼의 믿음 없음 때문에 광야를 40년간 돌게 되었지만, 갈렙은 불평하지 않고 묵묵히 이스라엘과 함께 40년의 광야시간을 보내었습니다. 갈렙이 무슨 죄가 있습니까? 실제로 여호수아와 갈렙은 광야를 돌지 않아도 되었을 것 같습니다. 그러나 그들은 어떠한 불평도 하지 않고 광야의 시간을 이스라엘과 함께 보내었습니다. 그들이 불평 없이 광야의 시간을 지낼 수 있었던 것은 이미 가나안 땅을 보며 가졌던 하나님에 대한 확신 때문이었을 것입니다. 즉 소망을 품은 광야생활이었다는 것입니다. '언젠가는 하나님께서 그 땅을 취하게 하신다' '나로 하여금 그 땅을 취하게 하실 것이다' 이러한 소망이 그들로 하여금 40년의 광야생활을 넉넉히 이기게 하였을 것입니다. 하나님은 그러한 그들을 그냥 두시지 않았습니다. 여호수아를 통해서는 직접 모세를 이어 자신이 보았던 땅을 정복할 수 있는 영광을 주셨습니다. 그리고 갈렙을 통해서는 그의 요청을 받아들여 비록 85세의 연장자였지만, 가장 강력한 땅 중에 하나였던 헤브론 땅을 얻게 하셨던 것입니다. 이렇게 보자면, 갈렙의 믿음의 요청인 "이 산지를 내게 주소서" 라는 말은 한 순간에 나온 것이 아닌, 40년을 품고 기다린 고백이었다는 것을 알 수 있습니다. 가나안 땅을 보며 품었던 소망이 이제 이 고백을 하게 만들었습니다. 얼마나 감격스럽습니까? 갈렙은 너무 감격스러워 울었을지도 모릅니다.

사랑하는 여러분! 힘든 세상을 이겨나갈 하나님의 소망을 품고 계십니까? 하나님의 시간이 되면 품었던 소망을 외칠 수 있는 소망의 말들이 준비되어 있습니까? 하나님을 향한 소망만 있다면 힘들고 어려운 세상도 넉넉히 이겨나갈 수 있습니다. 그리고 하나님의 때에 믿음의 고백과 더불어 그 소망이 실현될 수 있습니다. 이렇게 살고 싶지 않으세요?

1. 하나님은 왜 가나안의 잔당들을 모두 물리쳐 주지 않으시고 각 지파
   에게 위임하셨을까요? 믿음과 연관하여 생각해 보세요.

2. 각 지파들은 그들이 가지고 있는 믿음대로 가나안의 땅들을 차지하
   였습니다. 분명히 하나님께서 남쪽의 예루살렘 왕 아도니세덱을 쳐
   부수셨고, 북쪽의 하솔 왕 야빈을 중심으로 한 연합군들을 쳐부수신
   것을 보고도 각 지파들이 온전한 믿음을 구사하지 못한 이유가 무엇
   일까요?

3. "이 산지를 내게 주소서"라는 갈렙의 외침이 믿음의 외침이었다는
   사실을 어떻게 알 수 있는가? 가나안 정탐 후 이 고백까지의 과정을
   유추하여 생각해 보세요.

4. 갈렙의 고백은 적어도 40년 이상 준비한 믿음의 고백이었습니다. 무
   엇 때문에 그렇게 오래 기다릴 수 있었을까요? 무엇이 그를 용기 있
   게 만들었을까요?

9 – 5 "가정의 영적인 점검을 해 보세요"

5월이 되어 산을 바라보면 얼마나 예쁜지 모릅니다. 철쭉꽃들이 가지 각색으로 자태를 뽐내고 있으며, 겨울에 앙상하였던 거목들도 여러 모양의 새순들을 내어 각가지 푸른색을 만들어 하나의 하모니를 이루고 있기 때문입니다. '이것이 생명의 힘인가 보다' 라고 생각하게 만듭니다. 이러한 생명의 활력에 보조를 맞추어, 조금은 경박한 것 같지만 숲속에서 이보다 더 어울릴 수 없는 듯한 텃새들의 목소리들이 제법 크게 들리고, 자신의 존재를 알리듯 가끔은 이 분위기와 어울리지 않는 제법 굵직한 이름 모를 새들의 목소리들도 소리쳐 옵니다. 기회가 된다면 꿩의 허스키한 목소리도 들을 수 있구요. 이놈들도 생명들이 무럭무럭 자라가는 이 계절이 마냥 좋기만 한가봅니다.

그런데 우리의 가정은 어떠한가요? 5월이 가정의 달이라고 마냥 평안하고 기쁜 일들만 있을까요? 모든 생명이 성장해 가는 계절이기에, 그냥 놓아두어도 가정의 모든 구성원들이 산에 있는 여타 생명체들처럼 무럭무럭 성장해갈 수 있을까요? 기독인들은 이 가정의 달 무엇을 점검하고 애써야 우리의 가정들도 산 속에 있는 생명체들처럼 무럭무럭 성장하고 열매 맺을 수 있는 기초를 마련할 수 있을까요? 여러 가지가 있겠지만, 가장 중요한 것은 영적인 부분의 점검이라고 생각합니다. 우리는 영적인 존재이기에 영적으로 건강하면 모든 것이 잘되고 강건할 수 있기 때문입니다. 성경에서도 "사랑하는 자여 네 영혼이 잘됨 같이 네가 범사에 잘되고 강건하기를 내가 간구하노라"(요한3서 1:2)라고 언급하고 있기 때문이지요.

먼저는 나의 영적인 상태를 점검해 보세요. 이것이 가장 중요합니다. 내가 영적으로 온전하게 세워질 수 있다면 가정의 다른 구성원들의 상태가 무너지고 어려워도 다시 세울 수 있는 영향력이 생기기 때문입니다. 한 사람이 영적으로 온전하게 선다면, 온 가정은 영적으로 충만한 가정이 될 수 있습니다. 성경의 원리는 "주 예수를 믿으라 그리하면 너와 네 가정이 구원을 얻으리라"(행 16:31)이기 때문입니다. 이 말씀은 믿음을 구사하는 한 사람의 온전한 신앙인만 있다면 가정이 구원을 받고도 남음이 있다는 것입니다. 영적인 영향력 때문이지요.

다음으로는 가정의 구성원 개개인들과 가정에서 되어지는 일들을 바라보며 영적인 점검을 해야 합니다. '혹시 알지 못하는 사이에 영적으로 무너진 부분은 없는가? 서서히 무너져 가고 있는 부분은 없는가?' 왜냐하면 영적부분의 무너짐은 한순간에 무너질 수도 있지만, 가장 무서운 것은 내가 알아차릴 수 없을 정도로 서서히 무너진다는 것입니다. 또한 '하나님과 약속한 것을 이행하지 못하는 부분은 없는가? 가정에서 하나님을 만나지 못하는 구성원은 없는가?'를 철저히 점검해야 합니다. 그렇지 못하다면 내가 알아차리지 못하는 사이에 서서히 무너져 버릴 수 있기 때문입니다. 만약 그 부분을 점검하며 수축하지 못한다면 언젠가는 다 무너져

버린 후에 그 결과로 인해 아파하며 힘들어 할 수 있음을 분명히 알아야 합니다.

　가정의 달! 우리가 내 자신과 가정의 영적인 부분은 점검하고, 영적으로 무너져 버린 부분들을 발견하여 그 부분이 세워지고 재건되기 위해 기도할 수 있다면 하나님께서 이 시간들을 통하여 반드시 회복시켜 주실 것입니다. 이것이 축복이요! 기독인의 가정에서 할 수 있는 분명한 일입니다. 하나님께서 이 사실을 알게 하셨을 때가 기회입니다. 그러나 무너진 영적인 부분을 점검하고 회복되기를 주저한다면, 우리가 알지 못하는 사이에 약한 영적인 토대가 한없이 무너져가게 될 것입니다. 미리 알게 하시고 돌아보게 하시며 치유하기를 원하시는 하나님을 찬양합시다. 이것이 바로 사랑입니다.

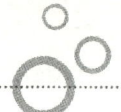

1. 가정을 영적으로 점검함에 있어서 가장 먼저 점검해야할 사항은 무엇입니까?

2. 가정에서 서서히 무너져 가고 있는 부분을 발견하는 일은 무엇보다도 중요합니다. 왜 나도 알아차리지 못하는 사이에 가정에서 서서히 죽어가는 부분이 생겨날까요?

3. 한번이라도 가정을 영적으로 점검해 보신 적이 있으신가요? 그때 깨달아 알았던 바를 나누어 보세요.

우리는 이 땅을 살아가면서 평안 가운데 살아가기를 원하지만, 원치 않는 고난과 아픔을 겪기도 합니다. 왜 내 삶에 이러한 고난이 따라야하는지 묻기도 하지만, 쉽게 답을 얻지 못할 때가 많이 있습니다. 저 역시 그러한 시간들이 많이 있었지요. 그런데 어느 날, 모세가 쓴 신명기를 읽고 묵상하다가 이것에 대한 신앙적인 한 답을 발견하였습니다. 그것은 예수 믿고 구원을 받은 성도들에게 찾아오는 광야의 시간들은 신앙 수련회와 같은 시간이라는 것입니다.

어떻게 생각해보면 참 우스운 이야기입니다. 고난을 당하고 있는 사람은 죽을 것 같은 어려움 속에서 힘들어 하고 있는데, 그 시간이 신앙수련회라니 이상하지 않습니까? 그런데 성경을 보니 이스라엘이 그러했습니다. 아시다시피, 신명기는 모세가 가나안 땅에 들어갈 이스라엘 2세대들에게 마지막으로 부탁한 설교요, 강연 내용입니다. 모세 역시 이스라엘과 마찬가지로 광야에서 시간을 보낸 사람입니다. 똑같이 광야에서 40년간 고난의 시간들을 보내었는데, 성경을 읽고 있노라면 마치, 모세는 광야가 아닌 다른 편한 세상에서 말하고 있는 것처럼 보여 질 정도입니다. 어떻게 이러한 차이가 날 수 있을까요? 많은 이유들을 말할 수 있겠지만, 제가 강조하고 싶은 것은 한 사람에게 찾아오는 광야의 시간을 어떻게 보내었는가? 에서 차이가 날 수 있다고 봅니다. 실제로 광야의 시간이 신앙수련회의 시간과 같다는 것은 모세가 한 말씀을 풀어서 해석한 것에 불과합니다.

이스라엘은 하나님의 위대한 구원을 경험한 자들이었습니다. 그들의 힘으로는 도저히 죽을 수밖에 없는 상황에서 하나님의 능력 있는 구원의 손을 경험했던 것이지요. 그러나 광야의 생활 속에서 이스라엘은 자신들이 가지고 있던 죄성들을 여지없이 보여주었습니다. 구원해주시고 인도해 주셨던 하나님을 전적으로 신뢰하지 못하고 문제만 생기면 불평하고 원망하였습니다. 그도 그럴 것이, 광야의 시간은 정말로 견디기 힘든 시간이었습니다. 그 결과 보름정도면 들어갈 수 있었던 가나안 땅을 목전에 두고 40년을 광야에서 지내었습니다. 세상적인 눈을 가지고 본다면, 광야의 시간은 조금도 이득 될 것이 없는 원망의 시간이며 또한 괴로운 시간입니다. 그러나 모세는 이스라엘 2세대에게 그렇지 않다고 말합니다. 오히려 광야의 시간을 통하여 이스라엘은 하나님을 더 깊이 경험했다고 합니다. "모든 일에 복을 주시고...너희와 함께 하심으로 부족함이 없었느니라"(신 2:7). "너희보다 먼저가시는 너희의 하나님께서...너희를 안으사 이곳까지 이르게 하셨느니라"(신 1:30-31).

모세의 말씀대로라면, 광야의 시간은 불평과 원망의 죄성으로 가득차 있는 이스라엘을 하나님께서 한 곳에 몰아넣으시고 그들을 떠나지 않으신 시간이었으며, 또한 그들이 가야 할 길을 먼저 가셔서 준비하셨고, 위험한 상황에서는 그들을 안고 지나신 시간들이었습니다. 그들은 40년

간 광야에서 하나님과 신앙수련회를 하였던 것입니다. 놀랍지 않습니까? 하나님은 우리가 어려울 때 절대로 떠나지 않고 오히려 더 가까이 계신 분입니다! 광야는 원어로 보자면, '미드바르'라는 단어인데, 그 의미는 '하나님의 말씀이 있는 곳'이라는 것입니다. 그러므로 광야는 하나님을 만나는 곳입니다. 신앙 수련회에 들어간 사람들은 다른 것에 집중하지 말고 하나님을 만나기 위해서 말씀과 기도에 집중해야 합니다. 그러면 은혜를 받습니다. 하나님을 만납니다! 사랑하는 여러분! 광야와 같은 시간들의 황량함만을 보지 마시고 우리를 만나시기 위해서 가까이 계시는 하나님을 바라보십시오. 모세는 이스라엘 2세대에게 그것을 가르치고 있습니다. 그리고 그 가르침은 오늘 광야의 길을 걷고 있는 우리에게 동일하게 주시는 말씀입니다.

1. 인생에서 광야와 같은 시간이 우리에게 주어지는 이유가 무엇인지 생각해 보세요.

2. 광야와 같은 시간이 왜 신앙수련회의 시간이 되어 집니까?

3. 광야의 시간은 하나님께서 우리를 깊이 만나주시는 시간입니다. 그 이유를, 모세가 이스라엘을 향하여 말하였던 말씀을 근거로 묵상해 보세요.

4. 신앙 수련회를 들어가면 하나님께 집중해야 합니다. 그래야 은혜를 받습니다. 광야의 시간이 신앙 수련회의 시간이라면 하나님께 집중 해야 할 시간입니다. 광야의 시간에서 하나님께 집중하고 있습니까?

9 - 7 "큰 용사여! 하나님이 너와 함께 계시도다!"

한참 더울 때는 가을이 올 것 같지 않았는데, 시간이 흐르니 가을이 오고 또 겨울이 오듯이, 우리 삶이 어려운 한 정점에 있을 때에는 이 어려움이 끝나지 않을 것 같지만, 기도하며 하나님의 때를 기다리니 그 어려움이 지나가고 풍요로움이 옵니다. 그러나 그 풍요함을 잘 간직하지 못한다면 또 다시 어려움의 정점으로 들어가기도 하지요. 그러나 계절의 변화와 우리 믿는 자들의 삶의 이야기가 다를 수 있는 것은, 믿는 자의 삶은 계절의 변화처럼 반복되는 것만이 아니라, 하나님을 붙잡고 의지하면 그 반복된 삶을 치고 나갈 수 있다는 것입니다. 또 다른 하나님의 세계를 경험할 수 있다는 것이지요. 이것이 성경의 위인들의 이야기이기도 합니다.

얼마 전, 사사기에서 기드온의 이야기를 묵상하다가 큰 은혜를 경험했습니다. 바로 하나님께서 이스라엘을 미디안 손에서 구원하시기 위하여 기드온을 찾아가셔서 말씀하시는 장면입니다. 우리는 흔히 기드온을 '위대한 하나님의 용사', 또는 '300명의 군사들과 큰 승리를 경험한 위대한 장수'로만 알고 있을 수 있습니다. 그리고 기드온은 이미 준비된 하나님의 사람으로 부르기만 하면 쓸 수 있는 사람으로 알 수 있습니다. 그러나 기드온은 그러한 사람이 아니었습니다. 영적인 잠재력은 가지고 있었지만, 겉으로는 한없이 소심한 사람이었고, 또한 하나님께서 소명하셨을 때, 자신은 준비되지 않은 사람이라고 하나님 앞에서 정면으로 반박했던 사람이 기드온이었습니다. 실제로 그는 많은 사람이 미디안의 손에서 힘들게 살고 있었을 때, 미디안을 두려워하며 조용히 자신이 먹을 음식을 포도주 틀에서 타작을 할 정도로 자기중심의 이기적이고 소심한 사람이었습니다. 그가 먼저 이스라엘의 구원을 구하고자 노력한 자도 아니었으며, 또 주변의 사람들의 배고픔을 돕기 위하여 이타적으로 자기 것을 베풀며 살던 자도 아니었습니다. 그러한 기드온을 하나님께서 찾아가신 것입니다.

하나님께서 기드온에게서 보신 것은, 하나님의 일이 분명하다면 목숨을 바쳐서 일할 수 있는 기드온의 잠재력이었습니다. 그러나 그것은 잠재력일 뿐, 그 잠재력이 밖으로 드러나지 않았습니다. 그러나 그 잠재력 때문에 기드온이 알고 있는 것은, 이스라엘이 처한 어려움은 하나님을 떠났기 때문이라는 것과 그렇기에 하나님께 돌아와야 한다는 것은 알고 있었겠지만, 스스로 일어나 그 일을 주도하지는 못하고 있었습니다. 그런데 하나님께서 그를 찾아가신 것입니다. 그리고는 "큰 용사여! 여호와께서 너와 함께 계시도다" 라고 말씀해 주셨습니다. 하나님은 소심하고 이기적인 기드온을 왜 큰 용사라고 불러주셨을까요? 결국 이 부르심 때문에 기드온이 결단하였고 하나님의 쓰임을 받은 것 아닙니까?

첫째, 인간의 눈으로 보는 겉모습은 보잘 것 없어도, 하나님은 그 사람의 영적 잠재력을 보십니다. 그리고 그 잠재력이 표출되었을 때 어떠한 일을 할 수 있을지를 아시기에 큰 용사로 불러주신 것입니다. 둘째, 아무리 잠재력이 있다고 할지라도 기드온 혼자의 힘으로는 큰 용사로 불려 질 수 없습니다. 그가 큰 용사일 수 있는 이유는 여호와께서 그와 함께 하시기 때문입니다. 그는 하나님과 함께하는 삶을 살았던 자였습니다. 그렇기에 겉으로 드러나지는 않았지만 하나님이 보시기에는 큰 용사였던 것입니다.

이 구절을 다시 한 번 묵상해 보면서 생각합니다. 세상은 나를 초라하게, 그리고 가능성 없는 자로 볼 수 있지만, 내가 하나님께 붙어 있는 한 하나님께서는 나를 큰 용사로 불러 주실 수 있습니다. 하나님을 사랑하는 마음들과 정성이 아직 잘 표현되지 못하고 있더라도, 하나님은 그러한 나의 마음과 잠재력을 보시고 나를 큰 용사로 불러주실 수 있는 분입니다. 그러나 무엇보다도 하나님께서 나와 함께 하신다면 나는 큰 용사가 될 수 있습니다. 우리가 살아가는 나날 지속적으로 예기치 못한 상황에서 하나님을 만나 이러한 음성을 듣는다면 얼마나 기쁘겠습니까? "큰 용사여! 여호와께서 너와 함께 계시도다!"

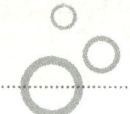

1. 기드온은 하나님께 어떻게 해서 '큰 용사'라는 호칭으로 불려 질 수
   있었습니까?

2. 하나님께서 기드온을 사용하신 이유는 어디에 있습니까?

3. 내 안에 "큰 용사"와 같은 영적인 잠재력이 있음을 볼 수 있습니까?

4. 하나님께서 사람을 사용하시는 기준은 무엇이라고 생각하십니까?

9 – 8 "사랑이 우리를 소망의 미래로 끌어줍니다"

우리 그리스도인들은 예수를 믿고 구원을 받은 후, 미래의 소망을 향하여 달려가는 사람들입니다. 한 곳에 정체되어 있는 사람들이 아니라는 것이지요. 그 소망의 끝은 우리가 사모하는 주님을 얼굴과 얼굴을 맞대고 보며, 진리의 실체이신 그분 안에서 모든 것을 깨닫고 회복하며 영생을 누리는 것입니다. 그런데 실제로 우리 그리스도인들은 날마다 소망을 가지고 미래로 나아가는 삶을 살고 있을까요? 날마다의 삶이 소망 때문에 생동감 있게 살아가고 있습니까? 이 질문에 대해서는 쉽게 답하지 못하는 부분이 있을 수 있습니다. 이 세상이 우리를 그렇게 하도록 내버려 두지 않기 때문이고, 또한 우리의 연약함 때문에 넘어지는 부분들이 많기 때문이지요. 그러다보니 예수는 믿지만 소망을 잃어버리고 한 곳에서 정체되어 세상 사람들과 다를 바 없이, 혹은 더 못하게 살아갈 때가 많을 수 있습니다.

어떻게 회복할 수 있을까요? 이 세상은 만만치 않지만 어떻게 다시 일어설 수 있을까요? 하루하루의 삶이 어떻게 소망을 가지고 미래로 달려가는 힘찬 삶이 될 수 있을까요? 그 답을 성경은 다음에서 말하고 있습니다. "믿음, 소망, 사랑, 이 세 가지는 항상 있을 것인데 그 중에 제일은 사랑이니라"(고전 13:13).

예수를 믿고 구원을 경험한 사람들에게는 항상 따라다니는 것이 있습니다. 그것이 믿음과 소망과 사랑입니다. 먼저 믿음이란? 이미 과거에 예수를 나의 구주와 주님으로 믿고 받아들인 구원의 믿음을 지칭합니다. 그러므로 내가 구사한 최초의 믿음은 예수를 믿는 현재 우리들에게는 과거적인 사건이 되었지요. 그러나 그 믿음 때문에 내 신분의 변화가 온 것이며, 그 믿음을 기초로 더 큰 믿음을 구사해 낼 수 있습니다. 그리고 그 믿음을 소유한 순간부터 그리스도인들은 이 세상과 분리되어 영적인 나그네의 삶을 살며 목적지인 천국을 향하여 달려가는 사람들이 됩니다. 그런데 이 천국은 그리스도인들에게 미래의 소망이 됩니다. 믿음이 미래의 소망을 가져다주는 것입니다. 비록 현재는 나그네의 삶을 살며 어렵고 힘든 부분들도 있겠지만, 그리스도인들은 영광의 미래가 약속되어 있는 사람들입니다. 그래서 그 미래를 바라보고 힘 있게 달려갈 수 있지요.

그러나 여기에 문제가 있습니다. 지식적으로는 우리에게 미래의 소망이 있음을 알지만, 그 소망이 현재의 우리의 삶에게 영향을 끼치지 못하는 공허한 소망으로 와 닿을 때가 있기 때문입니다. 아무리 미래의 소망을 인지하고 외치며 확신하려해도 크게 마음에 와 닿지 않을 때가 많더라는 것입니다. 미래에 누릴 수 있는 소망이라는 큰 풍선이 있지만, 그 소망이라는 풍선의 끈을 붙잡지 못하기에 현재의 삶이 미래의 소망과 이어지지 못한 것이 가장 큰 이유입니다. 그래서 성경은 말합니다. "그 중에 제일은 사랑이니라." 이것이 무슨 말입니까? 그리스도인들의 현재의 삶에 사랑이 있을 때, 그 사랑은 믿음과 소망을 연결하여 소망의 끈을 붙잡고 달려가게 하는 힘의 근원이 된다는 말입니다. 소망의 끈을 붙잡고 있을 때, 그 소망은 내 소망이 됩니다. 그리고 이룰 수 있는 소망이 되어지고, 그렇기에 현재의 삶을 지배하는 산 소망이 됩니다.

사랑하는 여러분! 이 힘든 세상에서 사랑함으로 소망의 끈을 붙잡고, 그 살아 꿈틀대는 소망 때문에 하루하루를 의미 있게 살아가지 않으시렵니까? 하나님을 사랑하고 형제를 사랑함으로 소망의 풍요로움을 이 땅에서도 맛보지 않으시렵니까? 사랑은 우리를 소망의 미래로 끌어주는 도구입니다.

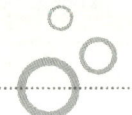

1. 믿는 자들에게는 미래의 소망이 있습니다. 그러나 언제 그 소망은 허황된 소망이 될 수 있습니까?

2. 성경이 우리에게 말하는 소망이 살아있는 소망으로 현재 우리의 삶에 영향을 끼칠 수 있기 위하여 필요한 것은 무엇입니까? 믿음과 소망과 사랑의 관계 안에서 설명해 보세요.

3. 이상에서 살펴본 바를 기초로, 왜 성경이 사랑을 강조하고 있는지 생각해 볼 수 있나요?

X

"교회"에 관한 보다 깊은 묵상

10 - 1 "가슴앓이"

　저는 요즈음 유독히 가슴앓이를 하고 있습니다. 그것은 오늘 우리 교회들의 현실을 바라보면서, '도대체 기독교의 힘은 어디에 있는가?' 를 물으며 아파하는 마음입니다. 아무리 시대가 변화하고, 또 사람들이 바뀌었다고 할지라도, 그리고 그 변화에 맞추어 교회가 변화되어야 한다고 할지라도, 바뀌지 말아야할 본질 있습니다. 그것은 복음입니다. 예수 그리스도의 십자가와 부활이라는 내용입니다. 이것이 교회를 교회답게 만들고, 또 모든 능력이 그것에서부터 나옵니다. 그런데 요즈음 제가 만나는 신자들마다, 교회들마다 이러한 본질적인 복음의 요소들이 교회의 한 프로그램으로 전락해 있거나 아니면 가슴 속 깊은 곳에 묻혀져 그 능력이 드러나고 있지 못하고 있는 것 같습니다. 그렇기에 기독교인들도 세상 사람들과 마찬가지로 얼마나 더 선하게 살며 잘 살 수 있는지에 초점을 맞추어 살아가며, 그렇게 사는 것이 마치 신앙생활을 잘하고 있는 것처럼 비춰지

기도 합니다.

물론 전혀 일리가 없는 말이 아닙니다. 기독교인들은 세상 속에서 선하게 살아야 하고 잘 살아야 하며 행복하게 살아야 합니다. 그러나 그것은 인간적인 힘으로는 불가능 합니다. 만약 인간적인 힘으로 그것들을 이루어 나가려고 한다면 그러한 모습들이 하나님을 알지 못하는 세상 사람들의 세상살이와 다를 바가 무엇이 있습니까? 기독교가 단지 윤리를 가르치고 그것을 훈련시키는 종교가 아니지 않습니까? 교회는 바닷가에 서있는 등대와 같습니다. 그 등대가 빛을 비추어 칠흑과 같은 밤길을 안내하는 것과 같이, 교회도 칠흑과 같이 어두운 세상을 향하여 빛을 비추어야 합니다. 그래야 세상에 있는 사람들이 그 빛을 보고 길을 알고 생명으로 인도되어 질 수 있습니다.

그렇다면 교회가 세상을 향해 어떠한 빛을 비추어야 합니까? 죄 용서의 빛과 그것을 통한 영생의 빛을 비추어야 합니다. 세상 어디에서도 인간의 죄를 용서할 수 있는 도구는 예수 그리스도의 보혈 밖에는 없기 때문입니다. 죄가 용서되어져야 인간은 본질적으로 자신의 한계를 딛고 일어설 수 있으며 하나님이 창조하신 목적대로 회복되어질 수 있습니다. 그러므로 교회는 날마다 예수님의 십자가 사건을 통한 보혈을 선포하여 죄인들의 죄가 용서 받을 수 있도록 해 주어야 하며, 그 사함을 받은 사람들이 회복되어 이 세상에서 다른 세상 사람들에게 선한 영향력을 끼치며 행복하고 잘 살 수 있도록 도와주어야 합니다. 이렇게 볼 때, 진정한 행복은 예수 그리스도의 십자가 앞으로 나와 죄 사함을 날마다 받고 회복되어지는데 있음을 알 수 있습니다. 우리가 선하게 살 수 있음도, 십자가를 통한 죄용서가 선행되어져야 진정으로 선한 행위가 나올 수 있음을 알 수 있습니다. 그리고 예수 그리스도의 부활사건을 믿고 바라봄으로 천국을 바라보며, 영원을 소유할 수 있습니다.

이 땅에 살면서 날마다 죄 사함을 통하여 천국을 바라보며 영원을 소유하고 살아가는 사람보다 더 행복한 사람이 있을까요? 그 사람은 아마도 몸은 이 땅에 있지만 그의 마음과 정신은 천국에 있어 그 천국을 경험하면서 살아가는 사람일 것입니다. 그러므로 교회는 날마다 사람들로 하여금 십자가 앞으로 나아갈 수 있도록 만들어 주어야 합니다. 그리고 부활의 주님을 바라보며 소망을 갖게 해주어야 합니다. 이 소망은 막연히 한 번 품고 없어지는 소망이 아니고 이 땅에서도 누릴 수 있는 소망이고 천국에서 완전히 실현될 소망이기에 더 큰 기쁨이 됩니다. 이것이 교회가 본질적으로 해야 할 일이요 주도적으로 행할 일입니다. 이러한 본질적인 노력 위에 교회를 더 견고히 세우기 위한 다른 프로그램들과 인간적인 노력들이 필요한 것이지요.

사랑하는 여러분! 예수님의 십자가와 부활 사건을 더 깊게 묵상합니다. 거기에서 능력과 힘이 나옵니다. 능력 있는 신자들이 됩시다! 힘 있는 신자들이 됩시다! 초대교회 교인들과 같은 신자들이 됩시다!

1. 십자가 복음의 도움 없는 선한행위는 한계가 있습니다. 왜 그럴까요?

2. 변화하는 세상에 맞추어 한 단체가 가지고 있는 본질마저 변화되었다면 그 단체는 어떠한 가치가 있을까요?

3. 교회가 이 땅에 존재하는 목적이 어디에 있다고 생각하십니까?

10 - 2 "믿음의 역사가 왕성한 교회"

신약의 위대한 전도자 바울은 자신이 복음을 전하여 세운 교회들이 믿음의 뿌리가 내려지고 바로 세워질 수 있도록 많은 노력들을 했습니다. 그 가운데 한 방법이 교회에 편지를 써서 신앙적인 교훈과 위로, 그리고 지침을 준 것이었습니다. 데살로니가 교회도 그러한 교회 중에 하나였습니다. 바울이 데살로니가 교회의 성도들을 향하여 편지를 썼을 때, 그는 가장 먼저 말할 수 없는 기쁨과 감사함을 가지고 그들을 칭찬하였습니다. 그런데 그 칭찬가운데 가장 인상적인 어구가 있었습니다. 그것은 "믿음의 역사"가 있는 교회라는 것이지요. 기독교 신앙에 있어서 가장 중요한 요소가 우리가 신앙하는 대상인 하나님을 굳게 신뢰하고 믿는 것 아니겠습니까? 그 믿음만 굳게 뿌리 내려 있다면 어떠한 문제들이 와도 그 문제들은 우리들을 견고하게 하나님의 사람으로 만들어가는 방편이 될 수 있는 도구들입니다. 그런데 데살로니가 교회 성도들은 바울이 칭찬할 정도의 믿음을 가지고 있었는데, 그 믿음이 하나님의 역사를 드러내는 도구였다는 것에 큰 감동이 있었습니다. 역사를 일으키는 믿음은 참 믿음이 분명하기 때문입니다.

어떻게 본다면 믿는 자들에게 가장 기본적인 요소가 믿음이라는 단어인데도, 많은 성도들은 이 믿음의 문제를 잘 정립하거나 성장시켜 가는 훈련을 받지 못하여 신앙의 본질을 경험하지 못하는 경우가 많은 듯싶습니다. 그러나 분명한 것은 믿음의 역사를 경험하여야 바울이 데살로니가 교회를 향하여 칭찬한 그 다음 내용인 '사랑의 수고'와 '소망의 인내'가 있습니다. 이들은 믿음의 역사의 결과들이기 때문입니다. 그렇기에 저는 이것이 성경의 원리라고 말하고 싶습니다. 아무리 사랑하라고 해도 할 수 없는 것은, 그리고 아무리 소망을 가져야 된다고 말하여도 소망을 가질 수 없는 것은 믿음 안에서 역사하시는 하나님을 경험하지 못하였기 때문이 아닐까요? 그러므로 믿음 안에서 역사하시는 하나님을 경험할 수 없다면 기독교 신앙의 근간은 무너져 내린다고 해도 과언은 아닐 듯싶습니다.

하나님께서는 제 마음 속에 '믿음의 역사'라는 말을 가장 강하게 머무르게 하시면서 묵상하게 하셨습니다. 그리고는 마음속에 생각을 주셨지요. 제가 섬기고 있는 교회를 포함해서, 한국의 교회들에 초대교회와 같은 믿음의 역사가 지속적으로 일어나기를 원한다고 말입니다. 이를 위해서는 우리가 이 땅을 살아가면서 어떠한 문제와 어려움을 만날 때 마다 걱정하거나 근심하기보다는, 하나님을 바라봄으로 그분에게 전폭적으로 모든 것들을 내려놓고 하나님이 원하시는 길로 나아가는 믿음의 훈련이 필요합니다. 이러한 믿음이 구사될 때마다 하나님께서는 그 믿음을 보시고 역사하실 것입니다.

또한 그것을 경험한 교회는 사랑의 수고와 소망의 인내라는 열매로 이어집니다. 믿음으로 역사해 본 경험이 있기에 사랑의 수고를 할 수 있는 것입니다. 믿음이 바탕이 되는 사랑이지요. 그렇기에 이 사랑은 하나님과 세상을 사랑하며 수고하는 것을 포함합니다. 믿음의 근원이 되시는 하나님을 사랑하며 그 하나님이 사랑하시는 세상을 사랑하며 수고하는 것입니다. 또한 사랑으로 뿌려 놓은 씨앗이 있기에, 그리고 믿음으로 역사하신 주님을 늘 신뢰하기에 나중에 거둘 열매와 만날 주님을 기대하며 소망의 인내를 할 수 있는 것이지요. 믿음의 역사와 사랑의 수고가 없는 소망은 인내하지 못하고 하루살이의 소망으로 끝나버리고 맙니다.

사랑하는 여러분! 하나님께서는 우리가 하나님을 전적으로 신뢰하는 믿음을 구사하시기를 원하십니다. 우리가 믿음만 구사한다면 역사하실 분은 하나님이십니다. 분명히 믿음의 역사가 있게 하실 것입니다. 그리고 그것을 바탕으로 사랑의 수고를 할 수 있도록 도우시며, 소망을 가지고 인내할 수 있도록 하십니다. 바라기는, 바울이 데살로니가 교회를 바라보면서 어려움 속에서도 믿음의 역사가 있었던 모습을 칭찬하였듯이, 우리의 교회들이 하나님께서 바라보실 때 동일한 믿음의 역사 때문에 칭찬받는 교회가 되었으면 합니다.

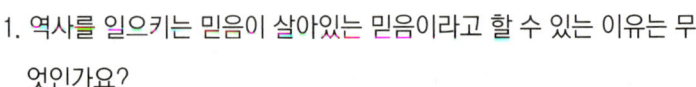
1. 역사를 일으키는 믿음이 살아있는 믿음이라고 할 수 있는 이유는 무엇인가요?

2. 믿음의 역사와 사랑의 수고, 소망의 인애의 관계를 적절히 설명해 보세요. 무엇을 중심으로 서로 이어질 수 있을까요?

3. 데살로니가 교회가 오늘 교회의 모델이 되는 이유를 설명해 보세요.

4. 우리 교회는 믿음의 역사와 사랑의 수고, 소망의 인내가 있는 교회입니까? 그렇지 못하다면 무엇이 문제일까요?

10 – 3 "교회는 공동체성을 회복해야 부흥을 경험할 수 있습니다(1)"

모든 교회들은 영적인 회복과 부흥을 경험하기 원하지만 어떻게 그것이 가능할까에 대해서는 해답 찾기가 어렵습니다. 저는 이 문제에 답을 얻기 위해서는 '어떻게 영적인 부흥과 회복을 경험할 수 있는가?'에 대한 질문보다는 '교회는 언제 성령의 충만함과 하나님의 임재 속에 예배하였는가?'를 먼저 물어야 한다고 생각합니다. 기독교의 역사 안에서 그 답을 찾을 수 있기 때문입니다. 그렇다면 나올 수 있는 답 중에 하나가 초대교회 시대일 것입니다.

실제로 초대교회는 기독교 역사 가운데 어느 시대든지 개혁의 모델이 되는 교회였습니다. "초대교회로 돌아가자!" 이 목표는 교회가 역사 속에서 힘을 잃고 타락해 갈 때마다 나온 슬로건 이었습니다. 그렇다면 초대교회의 어떠한 모습을 본받고, 초대교회의 무엇을 회복해야 할까요? 실제로 16세기 종교 개혁가들이 교회를 개혁하기 위하여 내건 슬로건 중에 하나는 라틴어로 "Communio Sanctorum" 이었습니다. 이것을 영어로 번역하면, "Communion of the Saint" 즉 '성도의 교통'이란 말입니다. 이 말은 신학적으로 교회의 본질을 언급할 때에도 사용되어 집니다. 다시 말하자면, 교회는 초대교회 시대를 지나 중세의 카톨릭으로 이어져 오면서 잃어버리고 훼파돼버린 중요한 것이 생겼습니다. 그것이 바로 '성도의 교통'

이라는 것입니다. 이것이 회복되어지면 교회도 그 본연의 모습을 회복할 수 있다는 것입니다. 물론 이것만이 교회의 본질을 모습을 구현할 수 있는 모든 것은 아니지만 중요한 요소라는 것입니다.

그렇다면 '성도의 교통'은 무엇을 의미할까요? '성도'는 예수 그리스도를 주로 고백하는 사람들이며 '교통'은 공동체를 의미합니다. 이렇게 본다면 이 용어의 의미는 '그리스도인들의 공동체'라는 뜻이 됩니다. 교회가 잃어버린 것 중에 중요한 요소가 '공동체' 개념이라는 것입니다. 실제로 교회는 끈끈한 유기체적인 공동체로 존재합니다. 그 공동체성을 잃어버리면 모래알과 같이 힘을 잃어버리고, 또한 교회가 자신의 공동체를 위하여, 그리고 세상을 향하여 일할 수 있는 원동력을 상실하게 됩니다. 오늘날 교회의 대부분이 이러한 문제로 아파하고 있지 않습니까? 교회 구성원들이 많고 적음과 상관없이 모인 사람들 사이에 친밀한 교제가 있나요? 그리고 서로를 묶고 연결할 수 있는 힘이 있습니까? 내 가족처럼 사랑하고 그 연결된 힘을 세상에 보여 줄 수 있는 여력이 있습니까? 100명이 모이는 교회라도, 1,000명이 모이는 교회라도, 10,000명이 모인 교회라도 하나같이 고민하는 문제 중에 하나가 '공동체성'에 관한 문제입니다. 그런데 초대교회는 서로 끈끈한 공동체성 안에서 하나 되어 그 힘으로 내적으로는 유무상통할 정도로 친밀감이 있었고, 외적으로 그 힘을 세상에 전하여 전도하며 세상을 바꾸는 능력이 그 안에 존재했었습니다. 그렇다면 어떻게 교회가 잃어버린 공동체성을 회복할 수 있을까요?

공동체를 상징하는 '교통'이라는 말인 'Communion'은 헬라어

'koinonia'에서 나온 말입니다. '성도의 교통'은 곧 '성도들의 교제'와 같은 말이라는 것입니다. 이것은 교회가 진정한 교제를 실천할 수 있다면 그 안에서 공동체성이 만들어져간다는 것을 의미합니다. 반대로 이 말은 오늘날 교회가 성경에서 말하는 진정한 교제를 상실하고 있다는 것을 반증하고 있기도 합니다. 그렇다면 어떻게 하는 것이 성경적인 진정한 교제일까요? 그것을 통하여 어떻게 교회의 공동체성을 회복할 수 있을까요?

1. 초대교회가 오늘날 교회의 모델이 되고 있는 이유는 무엇입니까?

2. 초대교회가 중세로 넘어오면서 잃어버린 중요한 요소는 무엇입니까?

3. 교회의 공동체성이 왜 중요합니까?

4. 공동체성과 교제는 어떠한 관계를 가지고 있습니까? 교제라는 말을 공동체성과 연결시켜 그 의미를 풀어볼 수 있습니까?

10 – 4 "교회는 공동체성을 회복해야 부흥을 경험할 수 있습니다(2)"

　교회가 공동체성을 잃어버리면, 사람들은 모여서 공동체를 이루어도 그 모임은 모래알과 같이 끈기가 없는 모임에 불과합니다. 그러므로 교회의 공동체성은 교회를 교회되게 만들며, 또한 하나님의 역사를 나타낼 수 있는 원천이 되게 합니다. 이미 언급한대로, 16세기 종교 개혁가들이 교회를 개혁하기 위하여 내건 슬로우건 중에 하나가 라틴어로 "Communio Sanctorum"이었습니다. 이것을 영어로 번역하면, "Communion of the Saint" 즉 "성도의 교통"이라는 말입니다. 이 말은 신학적으로 교회의 본질을 언급할 때에도 사용되어지는 말입니다. 그런데 공동체를 상징하는 '교통'이라는 말인 "Communion"은 헬라어 "Koinonia"에서 나온 말입니다. 그러므로 '성도의 교통'은 '성도의 교제'와 같은 말입니다. 이렇게 보자면, 중세교회가 개혁의 대상이 되어져갔던 중요한 이유 중에 하나는 교회에 필연적으로 있어야할 성도들의 교제가 사라졌고, 그 결과 교회라는 공동체는 공동체성을 잃어버렸다는 것을 나타내 줍니다. 공동체성을 잃어버린 교회는 더 이상 교회의 역할을 감당할 수 없는 존재가 되어버린 것이지요. 그렇다면 교회는 어떻게 공동체성을 회복하고 유지해 나갈 수 있을까요?

　이에 대해서는 교회의 공동체성을 갖게 만드는 필수적인 성도들의 교제에 관하여 살펴보면 그 답을 알 수 있습니다. 교회의 공동체성은 성도들의 교제를 통하여 만들어지는 것이기 때문입니다. 이미 언급했듯이 공동체를 언급하는 "Communion"은 헬라어 "Koinonia"에서 온 말이라고 했습니다. 성도들의 교제가 사라지면, 교회의 공동체성도 잃어버려지는 것이라고 할 수 있을 것입니다. 그렇다면 성도들의 교제는 어떠한 차원에서 행해지는 것일까요?

먼저는, 수직적인 교제가 있습니다. 성도들의 교제는 성도들끼리만 교제를 나누는 것이 아니라, 가장 먼저는 수직적인 교제가 있어야 수평적인 교제가 가능하다는 것입니다. 다시 말하자면 수직적인 교제는 수평적인 교제를 가능케 한다고 말할 수 있습니다. 교제를 강조하지 않는 교회는 없을 것입니다. 그러나 아무리 성도들의 교제를 강조한다고 하여도 그 교제가 실제적으로 깊이 있게 들어가지 못하고 성령의 역사로 사람들의 변화를 가져오지 못하는 가장 중요한 이유는 수평적인 교제만을 강조했기 때문이라고 볼 수 있습니다. 수평적인 교제는 교회가 아닌 다른 공동체에서도 강조하는 것입니다.

체육 훈련생들이 합숙을 하게 되면 얼마나 강도 있는 훈련을 받으며 서로 간의 교제를 강조하는지 모릅니다. 그러나 그 공동체 안에서 선수들은 체육의 실력은 연마할 수 있어도 그들이 강조하는 교제 속에서 인격이 변화되어지고 사람이 바뀌어지는 경우는 거의 없습니다. 만약 교회가 다른 여타 공동체들처럼 공동체의 유지를 위하여 수평적인 교제만을 강조한다면 이와 같을 수 있을 것입니다. 교회가 세상의 공동체들과 다른 점은 그 공동체 안에는 삼위의 하나님께서 내주하고 계시기 때문입니다. 그러므로 그 하나님과의 수직적인 교제가 우선적으로 있어지지 않고는 수평적인 교제가 온전히 일어날 수 없음을 알아야 합니다.

신약성경에서 성도들의 교제에 관하여 가장 뛰어난 내용을 기록하고 있는 책이 요한일서입니다. 요한일서의 주제는 구원받은 성도들의 현재의 삶으로서의 '교제'를 강조하며 그 내용을 기술하고 있습니다. 그래서인지 사도요한은 1장부터 교제에 관하여 기록하고 있습니다. 물론 우리 한글성경에는 교제라는 말보다 사귐이라는 말로 표현되어 있지만, 원어로는 교제를 나타내는 Koinonia라는 말입니다. 그런데 요한일서 1장 3절을 보면, "우리가 보고 들은 바를 너희에게도 전함은 너희로 우리와 사귐이 있게 하려함이니 우리의 사귐은 아버지와 그 아들 예수 그리스도와 더불어 누림이라"고 기록하였습니다. 교제의 근본은 삼위되시는 하나님과 더불어 누리는 것이 근본이라고 밝히고 있는 것입니다. 그렇습니다. 여기에 그리스도인들의 교제를 가능케 하는 키(Key)가 있습니다. 그렇다면 삼위되시는 하나님과는 어떻게 교제할 수 있을까요?

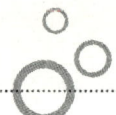

1. 16세기 종교 개혁가들이 교회를 개혁하기 위해 내세운 슬로우건 중
   에 하나가 "Communio Sanctorum"이었습니다. 이것의 의미는 무엇
   이며 무엇의 중요함을 강조한 말입니까?

2. 교회마다 교제를 한다고 하지만 왜 그 교제를 통하여 공동체성이 생
   겨나지 않는 것일까요? 왜 끈끈함이 없는 것일까요? 무엇이 잘못되
   었나요?

3. 기독교에서 실천하는 교제가 세상과 차이나는 점은 수직적인 교제가
   있다는 것입니다. 수직적인 교제란 무엇을 어떻게 하는 것입니까?

4. 수직적인 교제가 수평적인 교제의 기초가 되는 이유를 설명해 보세
   요.

10 – 5 "교회는 공동체성을 회복해야 부흥을 경험할 수 있습니다(3)"

신약의 교회는 성령이 강림하심으로 시작되었습니다. 오순절 성령 강림은 하나님과 사람이 하나가 되고 성령의 교제케 하는 역사로서 '나'에서 '우리'로 바뀌어 사람과 사람이 하나 되는 전인적인 교제가 가능한 공동의 몸이 되었습니다. 이것이 최초의 신약의 초대교회 모습입니다. 그러므로 신약에서 공동체를 지칭할 때 그것은 곧 교회를 가리키며 교회를 실제적인 공동체로 되게 하는 것은 성령의 코이노니아 사역입니다. 이것이 교회의 공동체성의 실제입니다. 그렇다면 성령은 기본적으로 어떠한 차원에서 코이노니아 사역을 하셔서 교회로 하여금 공동체가 되게끔 만들어 가실가요?

1) 하나님과 예수와 교제케 하는 성령의 수직적 코이노니아 사역

성령의 교제케 하는 사역은 먼저, 성도들로 하여금 하나님과 예수와 교제케 하십니다. 성령이 우리 안에 오신 것은 삼위일체이신 하나님께서 우리와 교제하기 위한 행위이기 때문입니다. 즉, 하나님의 영인 성령께서 우리 안에 오심으로 '그가 내 안에, 내가 그 안에' 들어가서 하나 되어 죄된 인간이 용서함을 받고 예수와 하나님을 진정 만나서 알고 닮아가게 되는 것입니다. 이러한 수직적인 코이노니아가 진정으로 일어날 수 없다면 교회는 사람의 집합체는 될 수 있어도 초대교회와 같은 공동체성을 갖지

못할 것입니다. 초대교회는 성령의 수직적인 코니노니아 사역을 지속적으로 경험하면서 먼저는 예수를 통한 하나님과 하나되는 작업들이 그들의 모임 속에 있었던 것입니다.

2) 성도들 상호간에 교제케 하여 하나 되게 하시는 성령의 수평적 코이노니아 사역

우리를 예수와 하나님과 교제케 하시는 성령님은 성도들도 서로 교제케 하시어 하나 되게 하십니다. 그 결과 '나'가 '우리'로 바뀌었고, '서로, 더불어, 함께'라는 부사들이 빈번히 사용되었습니다. 사도행전 2장 42-47절은 성도들 상호간의 교제를 통하여 공동체적인 교회의 이상적인 모습을 보여주고 있습니다. 이렇게 볼 때, 교회의 공동체 됨은 단순히 관념적이거나 개념적인 것이 아니라 매우 실제적이며 전 생활적인 것입니다. 초대교회 성도들은 성령을 경험하고부터 속사람이 변하여 모두가 한마음과 한뜻이 되었으며 자원해서 물질을 나눔으로 가난한 자들이 없게 하였습니다. 이것은 수직적인 코이노니아가 먼저 경험되어진 후 변화를 받아 수평적인 코이노니아가 이루어질 수 있는 바탕을 만들었다고 볼 수 있습니다. 이러한 성도들의 수평적인 코이노니아는 더 세밀하게 분석하자면 다음과 같이 나눌 수 있습니다.

(1) 영적인 코이노니아 - 이것은 성도들 간에 하나님의 말씀을 나누며 그 말씀으로 서로 위로하고 세우는 교제를 하고, 서로 중보기도 함으로 영적으로 하나가 될 수 있도록 해주는 교제를 뜻합니다. 먼저 영적인 하나님을 경험한 사람들은 반드시 그것을 주변에게 나누어주며 동일한

관계 안으로 들어오게 노력합니다. 이것이 복음전도의 기본 원리이기도 합니다. (롬15:27, 골 4:3, 엡 6:19-20, 살전 5:25, 살후 3:1, 빌 1:4-5 참조.)

(2) 정신적 코이노니아 - 이것은 성도들 간에 어려움에 처해있을 때 서로 위로하고 격려하며 긍휼히 여기는 태도로서 고통과 기쁨을 함께 나누어 지체를 세워주는 정신적인 차원에서의 교제를 말합니다. 바울은 빌립보서 2:1에서 지체간의 권면, 위로, 긍휼, 자비와 함께 성령의 교제를 언급하면서 우리에게 그러한 성령의 코이노니아가 있으면 우리는 같은 생각, 같은 사랑, 같은 마음을 갖게 된다고 말합니다. 빌2:1-2, 고전 12:26, 롬 12:15 참조.

(3) 물질적 코이노니아 - 이것은 성도들이 경제적으로 어려움에 처했을 때 말로써만이 아니라 필요한 물질을 채워줌으로 한 몸의 삶을 실제적으로 실천하는 것을 말합니다. 원래 헬라어 용례에 의하면 '코이노니아 하는 자'의 뜻인 '코이노노스'는 사랑의 관계, 직계가족, 관계성, 사업 등을 뜻하는 것으로 내적으로 친밀한 관계를 묘사할 때 주로 쓰였습니다. 그러므로 이 관계는 소유한 물질을 나누는 관계를 나타내는데 가장 많이 사용되었습니다. 물질을 공동 소유하는 것은 가족 관계이기에 가능한 것이기 때문입니다. 이렇게 본다면 교회는 예수 안에서 실제적인 코이노니아를 실천하는 확대가족이라고 볼 수 있습니다. (고후 9:13, 히 13:16, 롬 15:26, 롬 12:13, 빌 4:15, 고후 8:4 참조)

1. 수직적 교제가 가능하게 만드시는 주체는 무엇입니까? 어떻게 가능한가요?

2. 수직적인 교제와 그것을 기초로 하는 수평적인 교제의 관계를 설명해 보세요.

3. 수평적인 교제에 있어서도 가장 우선시 되어야 할 부분이 영적인 교제입니다. 그것을 기초로 정신적, 물질적인 교제가 일어납니다. 왜 그렇습니까?

4. 교회마다 교제를 한다고 하지만 잘되지 않고, 또 공동체성이 만들어져 교회와 사회를 변화시키지 못했던 주된 원인은 어디에 있었다고 생각할 수 있을까요?

10 − 6 "교회는 공동체성을 회복해야 부흥을 경험할 수 있습니다(4)"

수직적인 교제는 수평적인 교제와 이어지고, 수평적인 교제는 여러 차원으로 나뉘어 진행되는데 궁극적으로는 세상으로 흘려보내는 사회적인 교제까지 이르르게 됩니다. 그래서 대(對) 사회적인 교제가 일어나게 되는 것이지요. 여기까지 교제가 진행되어야 초대교회가 가지고 있었던 진정한 교회의 공동체성을 만들어 내는 건강한 교회가 만들어질 수 있습니다.

3) 사회와 교제케 하여 전도하게 하시는 성령의 사회적 코이노니아

코이노니아는 예수 믿는 자들 끼리만의 아름다운 나눔을 갖는 집단 이기주의가 아닙니다. 온전한 코이노니아는 기독교인들의 울타리를 벗어나 지역 사회의 소외되고 고통당하는 이웃과 더불어 함께 삶을 같이하는 영역을 포함합니다. 이것은 다분히 사회봉사 차원에서만 머무는 것이 아니라, 그들에게 자신들이 경험한 예수의 생명을 나누어 주는 복음전도의 기틀을 만들기도 합니다. 이것이 성도들이 이 땅에 존재하는 이유 중에 하나이기 때문입니다. (딤전 6:17-18, 롬 15:27, 요일 1:1-4 참조)

4) 성령의 코이노니아 사역을 통한 공동체적 교회의 실제

(1) 사도행전 2장에 나타난 초대교회를 중심으로

① 수직적 코이노니아

  - 성령 하나님의 경험을 통한 삼위일체 하나님과의 교제 (2:1-4)

② 수평적 코이노니아

  - 디아스포라들과 언어가 하나 되어 소통하고 교제케 된 언어의 코이노니아 (2:5-13)

  - 디아스포라들에게 영적인 경험을 나누며 교제하는 영적인 코이노니아 (2:14-36)

  - 디아스포라들에게 영적, 정신적으로 위로하며 세우는 정신적 코이노니아 (2:37-42)

  - 믿는 성도들 간의 물질의 통용을 통한 물질적 코이노니아 (2:43-46)

③ 사회적 코이노니아

  - 믿는 성도들의 사회적인 섬김을 통해 칭찬받은 사회적 코이노니아 (2:47)

이상에서 교회가 공동체로서 존재하기 위한 필요한 요소들을 초대교회의 모습들, 그리고 성경과 신학적인 근거들을 가지고 서술하였습니다. 이미 앞에서 언급하였듯이, 16세기 종교 개혁가들이 부패한 로마 카톨릭 교회에 대항하여 내건 교회 개혁의 구호는 라틴어로 'Communio Sanctorum' 이란 말이었습니다. 그런데 그때와 같이 오늘날에도 교회는 교회의 본질적인 모습을 회복하는 것이 교회개혁과 회복의 가장 급선무가 아닌가 싶습니다. 그 본질적인 모습 중에서 중요한 요소 중에 하나가 공동체성의 회복입니다.

자신이 속한 교회의 모습들을 보며, 그리고 한국교회의 모습들을 보며 질문해 보십시오! 오늘날 교회 안에 수직적인 코이노니아가 진정으로 실현되고 있습니까? 그리고 그것을 바탕으로 수평적인 코이노니아가 실현되고 있습니까? 또한 교회가 사회와 소통하며 사회적인 코이노니아를 실현하고 있습니까? 만약 이러한 부분들이 실현되고 있는 못하다면 어찌 교회를 공동체라고 부를 수 있겠습니까? 만약 그렇다면 교회는 생명력을 잃어버린 이익집단과 다를 바가 무엇이 있겠습니까?

초대교회로 돌아가자는 구호가 교회사에서 교회를 갱신할 때마다 등장하였습니다. 초대교회는 어떠한 교회입니까? 온전한 코이노니아가 구현된 공동체로서의 교회였습니다. 교회의 공동체성이 회복되어질 때 교회는 이 땅에 존재하여 구현하여야 할 본질의 임무를 완수할 수 있는 힘을 얻게 될 것입니다. 복음전도 역시 이 공동체성 안에 포함되어 있는 영적인 교제를 경험한 자들이 효율적으로 할 수 있음을 알아야 합니다. 초대교회의 전도방법은 그들의 공동체성 안에서 하나가 되어 서로 사랑함으로 그 힘을 세상에 전한 것이었습니다. '공동체로서의 교회!' 다시 한 번 한국교회가 관심을 가지고 회복하여야 할 큰 주제임이 분명합니다.

1. 사회적인 교제는 전도의 동력이 되기도 합니다. 어떻게 그 관계를 설명할 수 있을까요?

2. 세상을 바꾸는 능력과 교회의 사회적인 교제는 어떠한 상관관계가 있을까요?

3. 사도행전 2장에 나오는 초대교회의 모습을 교제의 차원에서 정리해서 설명해 보세요. 어디까지가 수직적인 교제이고, 또 어디까지가 수평적인 교제이며, 또 어느 부분이 사회적인 교제일까요?

복음에 관한 보다 깊은 묵상

초판 1쇄 발행 2012.9.17

지은이   하도균
펴낸이   방주석
영업책임 유영채
디자인   전찬우

펴낸곳   도서출판 소망
주소   서울특별시 종로구 연지동 136-56 기독교연합회관 1309호
전화   02-392-4232 | 팩스   02-392-4231
이메일   somangsa77@hanmail.net

출판등록 1977년 5월 11일(제11-17호)
ISBN 978-89-7510-090-1 03230
책값 뒤표지에 있습니다

도서출판 소망은 기독교문화 창달을 위해 좋은 책 만들기에 힘쓰고 있습니다.

오직 성령이 너희에게 임하시면 너희가 권능을 받고
예루살렘과 온 유대와 사마리아와 땅끝까지 이르러 내 증인이 되리라 (행 1:8)